Economía para salir de casa

Desarrolla tu inteligencia financiera. Conceptos que debes conocer para tomar tus decisiones.

Hugo Rubio

Autor: Hugo Rubio Vega

Diseño de la portada: Adhoc Comunicación y Marketing
www.adhoc.es

Registro General de la Propiedad Intelectual 01/ 2014 / 638

Noviembre 2014

Dedicado a las nuevas generaciones, con el deseo de que encuentren soluciones para nuestros viejos problemas.

Y a Beth, por todo el apoyo que siempre me ofrece.

INDICE

INDICE DE FIGURAS

1 INTRODUCCIÓN

La economía está presente en todas las facetas de nuestra vida. Debería estar incluida en la enseñanza obligatoria desde los primeros cursos. Nos afecta directamente, y nos permite entender ciertas claves que van a ser fundamentales para el diseño de nuestras vidas, porque muchas de las decisiones que tomamos, son decisiones económicas.

Las implicaciones van mucho más allá de la comprensión de los fenómenos socioeconómicos cotidianos. Cada vez más los ciudadanos vamos a tener que evaluar opciones financieras y ser capaces de anticiparnos para cubrir los servicios que quizá los gobiernos ya no van a ser capaces de proporcionarnos. Y esto hay que hacerlo desde cada vez más temprana edad.

Vamos a pasar rápidamente, y por desgracia, de una sociedad que nos ha proporcionado niveles de protección elevados a otra en la que los veremos disminuir. Y es precisamente este cambio el que más nos desconcierta. Nos cuesta entender que tenemos que dedicar recursos financieros a la educación, la sanidad o a nuestra propia pensión.

Este libro no pretende dar respuestas individualizadas, pero sí presentar de forma clara algunos conceptos que actualmente sólo se enseñan en los programas universitarios de estudios de economía o empresa, pero que son absolutamente necesarios para desarrollar una mínima cultura financiera imprescindible en la sociedad actual.

2 ENHORABUENA

Si estás leyendo este libro, enhorabuena. Esto quiere decir que te sientes inquieto por adquirir unos conocimientos que ya has identificado como importantes y necesarios, y que estás dispuesto a dedicar cierto esfuerzo a su comprensión.

El estudio de los conceptos que se describen en los capítulos siguientes te proporcionará unos conocimientos y habilidades difíciles de conseguir de otro modo. Adicionalmente, adquirirás criterios y herramientas para tomar decisiones y formular opiniones de forma justificada. Es una actitud que se hace cada vez más necesaria en un mundo cada vez más complejo.

Las ideas matemáticas que se van a ir desarrollando a lo largo de los sucesivos capítulos son simples, aunque algunas interpretaciones puedan ser abstractas. Los cálculos matemáticos estarán al alcance de la mayoría de los lectores. Te recomiendo coger papel y lápiz desde el primer momento para entenderlos de verdad, adquirir confianza y ser capaz de reproducirlos en cualquier momento.

La comprensión de las ideas junto con la capacidad de reproducir los cálculos es el objetivo final del libro. Todo ello te dará las bases de una cultura financiera que hoy en día es imprescindible.

La primera parte del libro desarrolla conceptos y cálculos microeconómicos mientras que la segunda se centra en los macroeconómicos. Los primeros son importantes en nuestra vida cotidiana mientras que los segundos son la base para entender el funcionamiento de la economía global.

Espero que lo disfrutes y te sea de utilidad.

3 INVERSIÓN Y FINANCIACIÓN

Este libro está pensado para transmitir conocimientos financieros básicos, al alcance de cualquier persona. Los cálculos matemáticos son muy simples, así como los conceptos utilizados, aunque tienen interpretaciones que pueden no serlo tanto.

Muchas decisiones financieras se realizan bajo un estado de incertidumbre. Algunas de ellas se basarán en simulaciones considerando distintos escenarios posibles y eligiendo el que parece más probable. El uso de las herramientas financieras nos permite prever los resultados de nuestras decisiones, ¿qué pasaría si...? y planificar de acuerdo con ello.

Estas herramientas son válidas para las finanzas personales y las profesionales. Las grandes empresas tienen departamentos financieros. Las pequeñas o pequeños negocios, en ocasiones no tienen ni siquiera los conocimientos. Tanto si vas a crear un pequeño negocio o planificar financieramente tu vida y tu hogar, este libro te será de utilidad.

A lo largo de nuestras vidas tendremos que gestionar el dinero, el que nos sobre y el que nos falte. Acometeremos proyectos de inversión, como puede ser el de la vivienda, y para ello necesitaremos financiación. La gestión financiera es la gestión del dinero que pedimos prestado muchas veces en mayor medida del que tenemos ahorrado.

En el mundo empresarial se necesita constantemente financiación. Parte de ella es necesaria para mantener el negocio activo (inventario, deudores) y otra parte para invertir en futuros proyectos. La empresa proporciona unos beneficios anuales como resultado de sus ventas. Estos beneficios, divididos por el capital de la empresa reflejan su rentabilidad. Así, podemos decir que una empresa produce un beneficio en un porcentaje sobre el capital invertido. Si esa empresa necesita desarrollarse debe buscar financiación externa. Y esa financiación debe ser más barata que la rentabilidad que produce.

Cuanto más crezca la empresa y cuanto mayor sea su velocidad de crecimiento, más financiación va a necesitar. Las empresas que crecen mucho necesitan disponer de mucha financiación, en parte para mantener su activo circulante, como ya hemos apuntado. Es frecuente incluso que aunque se obtengan beneficios contables, la empresa no disponga de liquidez alguna debido a las necesidades que de ella requiere su crecimiento. Por eso, la financiación es absolutamente necesaria. Muchas empresas han quebrado a pesar de ser rentables por no poder financiar su ritmo de crecimiento, o por carecer de financiación para sus operaciones.

A nivel personal, pasamos normalmente por una época en la vida en la que necesitamos financiación externa para afrontar una gran inversión, la de nuestra propia vivienda. De la misma manera que en la empresa, la inversión debe producir más rentabilidad de la que nos cuesta su financiación. Esto parece obvio, pero no lo es, o no se aplica en la práctica doméstica con el mismo rigor que en la empresa.

Normalmente estamos condicionados por nuestro entorno y por nuestras propias vivencias. En marketing a esto se lo denomina el Criterio de la Referencia Propia. Durante decenios el hecho de que la vivienda se revalorizaba más que lo que costaba su financiación ha sido tan patente que hemos pensado que era un fenómeno de la naturaleza. La vivienda se compraba sistemáticamente, era algo que había que hacer en la vida y por supuesto la opción económica correcta.

Pero de repente, el entorno cambió. Las consecuencias han sido devastadoras. A partir de aquí, caminamos sobre arenas movedizas. Necesitaremos evaluar constantemente cual es la opción correcta, y quizá adquirir una vivienda en propiedad ya no lo sea.

Así que en lo referente a las finanzas, lo fundamental va a ser comparar si los rendimientos de la inversiones que vamos a realizar son mayores que los gastos financieros que nos requiere pedir el capital prestado o, en el caso de que ya dispongamos de él, de su coste de oportunidad, es decir, de lo que obtendríamos al invertir ese capital en otros proyectos. Parece sencillo, pero es a lo que se dedican los directores financieros de las empresas, una labor vital para la empresa y muy compleja en ocasiones.

En los siguientes capítulos veremos el significado de algunos términos relacionados con la inversión y la financiación, así como metodologías para poder realizar comparaciones, junto con algunas amenazas que nos pueden traicionar a la hora de tomar nuestras decisiones financieras.

Endeudarse está bien cuando tienes un proyecto que lo justifique, y cuyos beneficios permitan devolver el capital y los intereses, es decir, cuando la rentabilidad de la inversión supere el coste de la deuda. En su defecto, es muy caro y hay que evitarlo a toda costa.

4 EL CRITERIO DE LA REFERENCIA PROPIA

Hemos utilizado antes este concepto para explicar cómo nos condiciona la experiencia a la hora de tomar decisiones, las cuales se basan inevitablemente en una modelización y valoración de los escenarios futuros posibles. Los seres humanos tendemos a basarnos en nuestras propias experiencias, en lo que a mí me ha pasado, en mi caso. Los casos de los demás siempre nos suenan… ajenos.

No puede ser de otra forma. Siempre seremos esclavos de lo que nos ha pasado y tenderemos a generalizar nuestra particular experiencia. En esta vida la experiencia siempre es particular, aunque realmente lo más valioso es el caso general fruto del resultado de muchos casos particulares. Muchas personas, por ejemplo, después de un desengaño bursátil no vuelven a invertir en bolsa. Hacen de su caso particular uno general.

Hay que tener mucho cuidado con esto. No nos podemos librar de ello pero al menos tenemos que saber que existe, que nos condiciona y que tenemos que considerar permanentemente el modo en el que nos está afectando. Aprender de la experiencia de los demás es la única alternativa, leer, escuchar… pero siempre tendrá no obstante que pasar por nuestro propio filtro experiencial. La razón pugnará contra el corazón en muchas ocasiones.

Recuerdo cuando me construí mi casa. En aquel tiempo nos juntamos diez personas que no nos conocíamos de nada y desafiando todo tipo de pronósticos nos embarcamos en la aventura. Asumimos unos riesgos medidos (será la primera cooperativa de viviendas que veo que sale bien, dijo el abogado cuando formamos la comunidad de bienes) que más tarde dieron sus frutos. Mientras construíamos, mis mayores me insistían en que pusiera radiadores de hierro fundido. ¡Son los mejores! decían, dan más calor y más tiempo.

Yo, que soy inevitablemente ingeniero, les preguntaba por las razones. Lo de dar más calor no lo entendía… será el que quema la caldera. Y lo de más tiempo… ya lo regulará el termostato, ¿no? Pero no había forma de razonar con ellos. Los radiadores de aluminio actuales son malos y los de hierro fundido de antes son los buenos. ¡Haznos caso!, me decían.

Le di varias vueltas a este tema, hasta que al final lo entendí. En tiempos de mis mayores las calderas eran de leña o de carbón. Estas calderas tienen una característica especial que es que no pueden ser reguladas automáticamente, es decir, dependen de una persona que físicamente transporte y literalmente eche el combustible a la caldera. Los trozos de madera o las palas de carbón tienen que ser manejadas a mano.

La consecuencia directa de esta característica es que durante la noche la caldera se queda desatendida ya que no hay nadie que reponga el combustible. Entonces, para mantener la temperatura de la habitación toda la noche es muy importante que el radiador tenga mucha inercia térmica, es decir que almacene mucho calor, y esto se consigue con una mayor masa. El radiador de hierro fundido almacena mucho calor que luego libera durante toda la noche.

Evidentemente, esto no hace falta cuando usamos combustibles líquidos o gaseosos, o incluso madera en forma de pellets, que permiten una alimentación automática de la caldera, regulada mediante un termostato. En este caso, es incluso mejor radiadores de baja inercia térmica, que se calientan rápido.

Pero todo esto ya no contaba ni había razonamiento que sirviera. Los radiadores de hierro fundido siempre habían sido los mejores, toda la vida, y todo el mundo lo sabía.

Esto no sería más que una anécdota graciosa, si no fuera porque muchas decisiones se toman siguiendo un proceso muy parecido. La experiencia propia nos condiciona y en demasiadas ocasiones nos impide identificar las causas reales de los hechos.

Como hacen los niños pequeños, pregúntate siempre… ¿Por qué?

5 ERRORES TIPO 1, 2 Y 3

Identificar las causas reales de los hechos va a ser complicado. En primer lugar hay que saber que difícilmente nos vamos a encontrar con un hecho cierto. Los hechos, como tales, no existen. Dependen de su criterio de valoración. Esto te puede parecer raro, pero es lo que mantiene la corriente de pensamiento más actual. No se puede matar, excepto que… y empieza una larga lista de excepciones. El hecho ha cambiado. Ya no hablamos de lo mismo, te dirán.

Muchos problemas interculturales lo son por obviar este principio. Lo que para mí puede ser una virtud, para otro puede ser un pecado mortal. ¿Cuál es el hecho? Como afirma el filósofo Hilary Putnam, el hecho depende de los valores de cada persona, de cada cultura. Admitir esto, se denomina pluralismo (ojo, no lo confundas con el relativismo). Pluralismo es admitir que existe pluralidad de criterios, todos con un valor que hay que reconocer. El relativismo en cambio, tiende a restar valor a los diferentes criterios, permitiendo el "todo vale".

Así pues, si alguna vez te dicen que no hagas juicios de valor puedes responder sin temor a equivocarte que no estás enjuiciando pero sí realizando valoraciones, y que no sólo tienes derecho a hacerlas sino que es algo que debes hacer para entender el suceso y forjarte una opinión.

Por lo tanto, habrá que realizar valoraciones para determinar un hecho y sus causas, o su relación causa-efecto. En el ámbito de experimentación científica se reconocen tres tipos de errores de valoración.

El primero es el denominado error de tipo 1. Este error se da cuando atribuimos un efecto a una causa, y no es así. Por ejemplo, bailamos la danza de la lluvia y llueve. De aquí inferimos que existe esa relación y cada vez que necesitamos que llueva, bailamos la danza de la lluvia. Puedes pensar que este ejemplo es demasiado infantil, pero sustituye la danza de la lluvia por sacar al santo en procesión en tiempos de sequía y verás como la cosa no ha cambiado tanto y la fuerza que tiene la propia experiencia, esta vez almacenada en forma de consciencia colectiva durante milenios.

El segundo tipo de error, el error de tipo 2, es lo contrario. Se da cuando existe una relación causal pero no la hemos identificado. Por ejemplo, puedo pensar que no lavarme las manos antes de comer no me hace coger más enfermedades. Puede ser que no hayamos descubierto la relación, pero todavía peor es despreciarla. Por ejemplo, puedo engañarme a mí mismo y pensar que fumar no me hace nada. O que conducir rápido no aumenta la posibilidad de tener un accidente.

Los responsables de la gestión de la red vial conocen esto muy bien. Cada vez que se aumenta la velocidad máxima en una determinada curva en un porcentaje, aumenta el porcentaje de fallecidos al año. Relación directa. Pero a nivel personal lo rechazamos. Nos engañamos en un proceso denominado disonancia cognitiva.

Es curioso ver cómo funciona aquí el criterio de la propia referencia. De una u otra forma somos conscientes de que conducir más rápido aumenta las posibilidades de accidente, pero rechazamos la idea, en parte porque a nivel personal no hemos tenido accidentes. Cuando tienes uno, te comportas de otra manera. Ya que la mayoría de las personas vivas no hemos muerto nunca (algunos mantienen que sí), no tenemos la experiencia de morir y literalmente desafiamos a la muerte, pero en cuanto se instaura el carnet por puntos y nos multan de forma severa, sorprendentemente se reduce la siniestralidad. Y es que experiencia de que nos multen, del castigo, si la tenemos, y reaccionamos a ella. Tememos más a los puntos que a la muerte, curioso. Todo esto forma parte de los errores de tipo 2.

Pero el más peligroso de todos, en mi opinión, es el error de tipo 3. Este error identifica mal la pregunta y genera una correcta respuesta… a la pregunta equivocada. Normalmente es difícil de identificar, ya que la amplitud de la respuesta nos puede hacer incluso olvidar la causa que estamos buscando. Un ejemplo de esto es confundir la táctica con la estrategia. Suele ser típico ver planes de marketing con un detallado plan de implementación sobre una estrategia sin identificar, por ejemplo, o planes tácticos de comunicaciones (plan de medios) sin elaborar un contenido de comunicación correcto.

En mi opinión y a modo de ejemplo, querer dinamizar el mercado laborar cambiando las formas de contratación, es un error de tipo 3. Esa no es la causa del paro. El tipo de contrato puede afectar de forma táctica, pero no estratégica. La única forma de mejorar el mercado laboral es mejorando la competitividad, la I+D y la educación.

A mis alumnos universitarios no les pongo ninguna pregunta en el examen. La tienen que identificar ellos, extrayéndola del caso. Si se equivocan en la pregunta, en el diagnóstico del problema cometiendo un error de tipo 3, les suspendo. A fin de cuentas, como dicen algunas culturas orientales, en la pregunta está la respuesta. Si les defino la pregunta ya les estoy diciendo la respuesta que tienen que escribir. ¡Eso ya doy por supuesto que saben hacerlo!

En el mundo real no hay preguntas establecidas, las tenemos que identificar nosotros, a nivel personal, social y económico. Si las identificamos mal y dedicamos nuestro esfuerzo y recursos a lo que no lo merece o donde no está el problema, fracasaremos.

6 TUS RECURSOS

En este libro hablaremos generalmente de inversiones financieras, las cuales se basan en la utilización de los recursos de dinero y tiempo. No obstante dispones a nivel personal de varios tipos de recursos y posibilidades de desarrollo y utilización, lo mismo que las sociedades, países y empresas.

Normalmente cuando hablamos de estrategia nos referimos casi exclusivamente a estrategia empresarial y no tanto a la personal. Casi nunca a estrategia de país, región o sociedad. Pero esto es un error.

La palabra proviene del nombre de los generales griegos, los estrategos. Del resultado de cómo posicionaban sus recursos en el campo de batalla se obtenían victorias o derrotas. Lo mismo hacemos las personas, las sociedades, los gobiernos, países y por supuesto, las empresas. Y para conseguirlo hace falta siempre un buen análisis de la situación, entendiendo lo que pasa, evaluándolo y tomando luego las decisiones que nos parezcan más apropiadas.

Las cosas no suelen ocurrir por casualidad. Siempre hay causas que producen efectos. Detectar esto no es obvio, y cuando la causa y el efecto están demasiado decalados en el tiempo, se hace realmente difícil. Incluso en ocasiones olvidamos que ciertas cosas pasaron y no las consideramos como posibles causas, o incluso nuestra cultura puede echar un manto de oscurantismo sobre ciertos componentes causales.

El gran sociólogo, economista y filósofo Max Weber recoge en su conocida obra "La ética protestante y el espíritu del capitalismo" cómo la cultura protestante, basada en el trabajo y esfuerzo personal, influye en la sociedad anglosajona de forma que la hace más competitiva económicamente. No es que sea una sociedad mejor, sino más competitiva para el entorno capitalista. Cuando el entorno se acaba transformando y la globalización hace que toda la socioeconomía mundial se base en el modelo capitalista anglosajón, tendremos que las culturas no anglosajonas estemos en desventaja, ya que nuestra cultura no está basada ni promueve los mismos principios.

Fenómenos como este hacen muy difícil la identificación de los factores causales y la consecuente utilización de los recursos. No obstante casi siempre existen y su identificación es fundamental.

Piensa que los recursos son normalmente limitados. Suelo explicar a mis alumnos que las personas, casi en su totalidad, tenemos tres tipos de recursos: tiempo, energía y foco.

El recurso tiempo es muy fácil de entender. Tenemos veinticuatro horas disponibles al día y las podemos usar para lo que queramos, pero lo que dediquemos a una cosa ya no lo podremos dedicar a otra. Esto lo entiende todo el mundo. El tiempo es oro, lo oímos ya desde nuestra infancia.

Sobre el uso de la energía, los conceptos ya no están tan claros. Normalmente nos sentimos, sobre todo cuando somos jóvenes, un poco como superhombres. Podemos con todo. Podemos salir de noche y luego estudiar durante el día. Esto podría suceder eventualmente, o incluso a nivel particular, pero te aseguro que a la larga, y a nivel grupo, equipo o país, no es así.

Si quieres jugar en primera, tienes que entrenar como los equipos de primera, comer adecuadamente y beber poco alcohol. Si entrenas menos, o cometes excesos, pierdes y bajas a segunda. Piensa que en esta vida muchas veces nos quieren convencer para ser los mejores. Eres el mejor, sois los mejores… palabras típicas y carentes de sentido, además de grandes generadoras de frustraciones ya que el mejor será sólo uno. Hay que ser como los demás contra los que te quieres medir y jugar en la liga que has elegido. Permanecer y hacerlo lo mejor posible. Ese es el objetivo. Si además consigues ser el mejor, fenomenal.

Pero eso requiere una correcta asignación de recursos, una planificación estratégica. La energía que tenemos disponible es más limitada que el tiempo. Puedes llegar con tiempo suficiente para realizar una tarea, pero sin energía y el resultado será muy malo, una pérdida de ese tiempo. Por eso, cuando veo los horarios que utilizamos en nuestra cultura me planteo cuanta energía y tiempo nos quitan para poder ser competitivos en esa liga en la que queremos jugar. Que esto no nos afecta, no parece cierto. Sería como salir a jugar al campo sin entrenar y después de una noche de fiesta. Toda la energía dedicada a la noche y al alcohol se resta directamente de la productividad. Si te sobra productividad, perfecto. Si te falta, tienes un problema. Esto merece una reflexión.

Como triatleta aficionado, experimento esta sensación continuamente. Correr un triatlón es fácil. Sólo tienes que correr veinte triatlones antes de tu triatlón. Esto se hace acumulando las distancias de un triatlón semanalmente, durante veinte semanas, esto es, cinco meses. No hace falta acumular las distancias de golpe sino que cada día se puede hacer un entrenamiento específico. Por ejemplo, si tu objetivo es un triatlón sprint que consta de 750 metros a nado, 25 km en bicicleta y 5 km corriendo, te vale con dedicar un día a nadar 30 largos, otro día a correr y dos días a spinning. Yo por si acaso, acumulo el doble de distancia semanal, con solo cuatro o cinco sesiones de entrenamiento, doblando las distancias, lo cual me exige poco más de una hora de dedicación por sesión.

Pero si un día por ejemplo, tengo una cena en la que voy a comer, beber y trasnochar más de la cuenta, sé que al día siguiente no voy a poder correr. Quizá justo nadar. Si esto lo hago un día, no pasa nada. Si lo hago de continuo, ya no cumplo con el entrenamiento, ya no me preparo para la prueba. Lo absurdo sería pensar que puedo con todo.

En cierta ocasión un profesional me comentaba que había estado en un curso de formación en el extranjero, con grupos de diferentes países. Tenían asignada una tarea que debían presentar al día siguiente y los grupos se fueron a trabajar. Debido a que ese día se televisaba un importante partido de futbol el grupo en cuestión no se reunió para hacer el trabajo, pero me decía, convencido, que lo habían improvisado en poco tiempo y que les había quedado tan bien como al grupo alemán, ya que, según él, nuestra capacidad de improvisación compensa la capacidad de planificación de los alemanes. Yo le miraba asintiendo, incapaz de responder ante la calidad del razonamiento, pensando si la capacidad de improvisación producirá algún día Mercedes, BMWs, Porsches, Audis y Volkswagens.

Cuando un profesional te razona de esta manera, realmente existe un problema cultural. Parece obvio, pero no lo es. Incluso diría que no está lo suficientemente identificado.

El tercer recurso es el foco. Este se entiende verdaderamente poco. ¿Dónde vamos a poner el foco de nuestra actividad? Hoy en día tenemos una grandísima dispersión de nuestra capacidad de atención y de utilización de opciones existentes.

Hemos pasado en pocos años de tener una fuente de información muy concreta casi basada exclusivamente en la lectura de libros y publicaciones en papel a otra en la que el estímulo nos llega desde absolutamente todos los lados. Es tremendamente difícil poner foco en un tema cuando parece obligado consultar múltiples fuentes de comunicación que llegan a través de también múltiples dispositivos.

Lo veo en mis estudiantes. Están saturados por el propio medio y les cuesta poner foco en una tarea en concreto. Además, la cultura del resultado inmediato, de buscar algo y tener que encontrarlo al instante y si no dejarlo y conmutar a otra tarea hace que la calidad de lo que producen se reduzca. Hay que hacer un esfuerzo suplementario para identificar aquellas áreas donde necesitamos poner más foco en detrimento de otras que son devoradoras de atención, tiempo y energía.

Esto es así no sólo en la capacidad de atención de las personas. Lo podemos hacer extensivo a sociedades, culturas y países. ¿Cómo elegir la disciplina adecuada para poner foco, energía y tiempo? Al final, se convierte en un problema de índole estratégica. Es una labor que por supuesto hacen las empresas y deben realizar las personas y sociedades.

El concepto de 'foco' es la raíz misma del concepto de diferenciación en el que se basan las estrategias modernas de marketing. Esta idea fue profusamente divulgada por Michael Porter en su conocido libro 'Ventaja Competitiva' aunque su origen se encuentra ya en los escritos de Schumpeter, padre del concepto moderno de la innovación, englobado dentro de un proceso denominado 'destrucción creativa', en el que los nuevos conceptos e ideas rompen, destruyen el orden establecido y crean un nuevo entorno. (Esta idea a su vez se pierde en la historia y se ve reflejada en múltiples culturas y referencias como pueden ser el Ave Fénix, el Diluvio Universal, la travesía del desierto, y otros).

Así pues, olvidémonos del concepto simplista de que ya nos adaptaremos al entorno de forma natural. El concepto de adaptación darwinista pasa por la muerte del individuo. La especie se adapta… es casi una forma bonita de decir que te has quitado de encima a los que no coincidían con el medio (to fit en inglés no significa adaptarse). Es como pasar grava por un cedazo. La que pasa al otro lado, fits, pero no se adapta. Si queremos pasar al otro lado, hay que cambiar de forma intencionada para poder pasar por la criba.

Es mejor utilizar la teoría del rival de Darwin, Lamarck, que aunque errónea para la selección natural, es válida para la selección estratégica. Las empresas no son darwinistas, son lamarckianas (darwinismo es sinónimo de falta de dirección). Su éxito o fracaso dependen de las acciones que tomen y como usen sus recursos. Lo mismo pasa a las personas y a las sociedades.

Llegado a un punto, tenemos que decidir dónde vamos a focalizar nuestro esfuerzo, dónde vamos a invertir nuestros recursos, qué vamos a construir y sobre qué cimientos. Tendremos que tomar decisiones para reducir la dispersión de foco y concentrarlo, crear diferenciación y conocimiento, porque simplemente, demasiada dispersión carece de valor. Esto lo conocen muy bien las empresas, que están continuamente buscando su diferenciación en el mercado e identificando las actividades que aportan más valor para su organización, subcontratando las restantes, que aportan menos y que son muy caras en términos de coste de oportunidad, aunque a veces esto no sea fácil de identificar.

A nivel personal también hay que hacerlo. Pero es en el nivel social donde se encuentra el mayor desafío.

Para más información, échese un vistazo al plan de Estrategia de Especialización Inteligente, impulsado por la Unión Europea para impulsar económicamente las distintas regiones que la componen. Es simplemente un mensaje que dice… hagan algo, pongan foco, identifíquenlo, pónganse a trabajar, que las cosas no ocurren por si solas.

Y si no lo hacen se quedarán atrás, no pasarán la criba y les costará caro.

7 EL APALANCAMIENTO FINANCIERO

El término "apalancamiento financiero" nos es muy familiar, y se utiliza profusamente para indicar el nivel de endeudamiento de cualquier organización. Se basa en la idea de que podemos aumentar el nivel de nuestros beneficios con dinero ajeno. Con dinero de otros, generamos nuestro propio negocio o aumentamos su rentabilidad. Por ejemplo, con dinero del banco nos compramos un piso. Sin esa fuente de financiación externa no podríamos hacerlo.

Así pues, es frecuente escuchar que tal entidad bancaria está muy apalancada o que cual empresa o país tiene un nivel de apalancamiento muy elevado. Pero esto no es correcto del todo.

El término proviene del inglés, "financial leverage", donde efectivamente, la palabra lever significa palanca. Es decir, que el concepto de apalancamiento es dinámico, se refiere a realizar una acción, en contra de una actitud pasiva y estática. El término "apalancado" no tiene sentido. O estás apalancando, o simplemente estás endeudado. Si estás apalancando, o realizando apalancamiento financiero, en otras palabras, trabajando, estás ganando dinero. Si estás endeudado pero sin producir, no estas apalancando, estás perdiendo dinero.

El ejemplo más sencillo de apalancamiento financiero es el de financiación externa de cualquier empresa. Si remunerar a mis accionistas me cuesta, digamos, un 10% pero pedir un crédito a la banca me cuesta un 5%, puedo repartir el 5% que me ahorro a los accionistas de forma que cobren, por ejemplo, un 11%. Sin hacer nada más, sólo con pedir financiación externa (que funciona como una palanca, de ahí el nombre), obtengo mayores beneficios para mis accionistas. Es la palanca financiera.

Claro que esto aumenta la vulnerabilidad de la empresa, ya que el banco siempre va a exigir su 5%, mientras que los accionistas lo pueden perder todo. Entonces, es fundamental que la empresa produzca beneficios (que cubran por lo menos ese 10% que doy a los accionistas) y por ello, el dinero que se pide (tanto a los accionistas como a la banca) tiene que ir destinado a bienes de producción, a inversión. Si en vez de invertir ese dinero, lo gastamos y dejamos de producir, ya no estamos realizando apalancamiento financiero, simplemente estamos endeudados. Así pues, endeudamiento no es sinónimo de apalancamiento.

Que tal o cual empresa o país tengan problemas por su alto nivel de apalancamiento es una mala utilización del término. Será por su nivel de endeudamiento. Si estuvieran apalancando, tendrían beneficios. Y esto nos lleva directamente a analizar el propósito de nuestras deudas financieras. Cuando comparamos niveles de endeudamiento lo solemos hacer en términos simplemente de volúmenes, pero no de propósitos.

Así, es frecuente realizar comparaciones entre los niveles de endeudamiento de distintos países. Pero no es frecuente oír hablar del propósito de la deuda contraída, de si se está realizando apalancamiento financiero con ella, o no. No se pueden comparar niveles de deuda sin comparar qué se está haciendo con ella.

Todo el mundo entiende la diferencia entre pedir un crédito para montar un negocio o para irse de vacaciones. Al cabo de unos años, el negocio se paga solo y genera beneficios (si todo va bien, claro), pero las vacaciones, si no se pagan siguen generando gastos. Suiza por ejemplo tiene una deuda externa de casi tres veces la de España pero simplemente, puede pagarla, en otras palabras, tienen ese dinero trabajando, invertido. Básicamente es la diferencia entre invertir o gastar.

Esto que parece tan obvio no lo es en la práctica. En nuestro caso particular, por ejemplo, vamos a afrontar muchos años de dureza económica, muchos más de los que pensamos debido a nuestro nivel de endeudamiento. Tenemos que pagar el 170% del PIB al resto del mundo, cuando nuestros ingresos netos anuales son…negativos, resultando en un saldo por cuenta financiera en millones de euros de 52.000 en 2009, 33.000 en 2010 y 35.000 en 2011 y un acumulado hasta junio de 2012 de 17.000 (fuente: Banco de España). Y eso, ¿Cómo se hace? Simplemente, no se puede. De ahí el traído y llevado rescate.

Salir de esta situación nos va a costar mucho esfuerzo. Olvidémonos de que la situación dé la vuelta sola, de que los ciclos cambien y de otros conceptos fantasiosos y realicemos un análisis realista de los factores internos que debemos cambiar como país para pagar la deuda antes de que los sistemas financieros mundiales globalizados nos estrangulen, como suele ser lo más normal y dicho sea, el caso en que estamos. Es verdad que la situación económica mundial sufrirá cambios, pero eso no significa que estemos en disposición de aprovecharlos cuando se produzcan. Mirando los históricos de la balanza de pagos española desde la entrada del euro, podemos ver que en los años de bonanza económica el saldo por cuenta financiera es mayor, casi el doble en algunos años, que durante los años de crisis. Es decir, que cuando el ciclo es positivo el país se endeudaba aún más, pero no para realizar apalancamiento, es decir gastábamos pero no invertíamos.

El caso es de extrema dificultad, y debemos de ponernos a trabajar conjuntamente para solucionarlo. Pasa de forma ineludible por la mejora de la competitividad industrial y la eficiencia mediante la elaboración de un plan de Ciencia y Tecnología sólido, con inversiones en I+D similar al de nuestros socios europeos, que incluya un cambio cultural educativo desde la enseñanza primaria. Un plan a veinte años.

Aquí es dónde deben ir nuestros esfuerzos, nuestro dinero, aquí es dónde hay que invertir la deuda y es el único planteamiento que nos permitirá establecer un firme sólido sobre el que crecer.

Este proceso va a durar varias décadas, y a ti te va a pillar en medio.

8 EL VALOR DEL DINERO EN EL TIEMPO

Este es el punto base y fundamental de todo el razonamiento financiero. La actividad económica se desarrolla para poner productos y servicios en el mercado que proporcionarán un beneficio. Ese beneficio futuro hace que invertir sea productivo, por lo que un euro hoy tiene más valor que un euro mañana, ya que lo puedo invertir desde hoy mismo y obtener beneficios desde ahora.

Yo no soy precisamente un defensor del crecimiento a ultranza, incluso quiero creer en un posible estado económico estacionario, pero un cierto crecimiento es hoy por hoy necesario. Si no obtuviéramos beneficios futuros, no invertiríamos en bienes de producción, no desarrollaríamos actividad económica. Eso se llama recesión o estancamiento y nadie lo quiere.

Que las inversiones produzcan beneficios en el futuro nos estimula para acometer proyectos empresariales. Las empresas intentan vender en mercados crecientes, allí donde el negocio se desarrolla y hay más opciones de obtener beneficios, generando plusvalías para todos los participantes, incluyendo los consumidores. De los mercados decrecientes todo el mundo huye, y los que se quedan no invierten, sólo recogen beneficios.

El dinero pues, tiene distinto valor en el tiempo. La relación entre su valor en momentos distintos del tiempo se llama tipo de interés, esto nos es muy familiar a todos. La expresión matemática que lo relaciona es:

$$Cf = Ci + Ci \cdot r, \quad \text{y agrupando términos quedaría:}$$
$$Cf = Ci(1+r)$$

¡No te imaginas hasta dónde va a dar de sí este concepto!

En la expresión anterior, Cf es el capital final, el que tendremos al final del periodo temporal, Ci el capital inicial, el que ponemos al inicio y r el rédito, o tipo de interés, o tasa de retorno en un periodo de tiempo determinado que espera ganar el inversor. La variable r está expresada en su valor real, es decir, si el tipo de interés el del 4%, r valdría $4/100 = 0,04$.

Es decir, que si ponemos un capital a un año, a un 10% de interés anual, el final del periodo tendremos el capital original Ci, más el 10% del mismo, es decir, 0,10Ci. Matemáticamente queda:

$Cf = Ci(1 + 0,1)$, simplificando, quedaría $Cf = 1,1Ci$, que es lo que esperábamos intuitivamente.

Esto es lo que obtendríamos en un periodo temporal. Normalmente los tipos de interés se refieren a periodos anuales, con el fin de mantener una coherencia. Esto se denomina TAE, o tasa anual equivalente. Cuando se realizan préstamos o inversiones a periodos mayores o menores a un año, la tasa de interés se ajusta anualmente dando lugar a la TAE, es decir, el tipo de interés simple, pagadero al final de cada periodo anual.

Si automáticamente pusiéramos este nuevo Cf obtenido a otro plazo anual con el mismo tipo de interés, obtendríamos lo siguiente:

$Cf = Ci(1 + r)(1 + r) = Ci(1 + r)^2$ para un periodo de dos años.

Es decir, el capital obtenido al final del primer periodo se vuelve a incrementar en un factor $(1 + r)$. Si hiciéramos esto durante un periodo de años n, la expresión resultante sería:

$Cf = Ci(1 + r)^n$

A esto se le llama interés compuesto.

La cifra resultante varía considerablemente con el factor r, o tipo de interés. Por ejemplo, para un interés del 10% acumulado durante 20 años, el capital acumulado al final de ese periodo sería de $Ci(1,1)^{20} = 6,73Ci$, es decir que si el capital inicial Ci al inicio fuera de 10.000 euros, después de veinte años dispondríamos de 10.000 multiplicado por un factor de 6,73 lo que resulta en un total de 67.300 euros aproximadamente.

Si en vez del 10%, hubiéramos encontrado una inversión más interesante de por ejemplo, al 15%, el factor resultante sería de 16 y la cifra resultante hubiera sido de 163.660 euros aproximadamente. Si en vez de 20 lo mantenemos 25 años, el factor sería de 33 y el resultado de 330.000

euros. Esto puedes calcularlo tú, solo necesitas una calculadora que permita realizar cálculos con exponentes, o una hoja de cálculo.

El factor resultante crece exponencialmente. Este factor mueve la economía mundial. Incluso Einstein reconoció que la fuerza más potente del universo es el interés compuesto. Este beneficio en la inversión puede proporcionarnos una situación financiera futura mejor o peor.

Queda bastante claro que si por ejemplo lo que pretendemos es generarnos unos ahorros para complementar nuestra pensión, los factores tiempo y rentabilidad de las inversiones van a ser fundamentales. El factor tiempo es fácilmente determinable por ti. El factor rentabilidad es más difícil, pero tienes que pretender obtenerlo, porque nadie lo va a hacer por ti. Una pequeña mejora en la rentabilidad sobre la inflación, de unos cuatro puntos tiene en el largo plazo efectos muy importantes.

Ahora estás en situación de valorar una posible oferta de inversión típica en la banca. Te ofrecen invertir 10.000 euros a cuatro años con una rentabilidad final del 20%. ¿Qué rentabilidad anual obtienes con esta inversión?

De acuerdo con lo explicado hasta ahora, al final de los cuatro años obtendremos un factor de 1,2, o el 120% del capital inicial (100% + 20%), en este caso de 10.000 euros, es decir, 12.000 euros.

$$10.000(1+r)^4 = 12.000 \, ;$$
$$(1+r)^4 = 1,2 \, ;$$
$$r = \sqrt[4]{1,2} - 1 = 0,0466 \text{ o el } 4,66\%,$$

Lo cual no es lo mismo que dividir el tipo de interés final por el número de años (no es 20%/4=5%). Puede que el resultado no sea muy diferente, pero el concepto lo es.

Si todo esto es demasiado fácil para ti, ¡no te desanimes y sigue leyendo! Te recomiendo que cojas papel, lápiz y una calculadora. Realizar por ti mismo los ejercicios financieros que se va a ir desarrollando a lo largo del libro te proporcionará dominio de los conceptos, agilidad en los cálculos, y una gran seguridad para utilizarlos después allí donde te sea necesario.

No obstante, si los cálculos se te hacen difíciles, puedes continuar con la lectura del libro sin realizarlos. Aunque en algunos casos las fórmulas tengan una apariencia voluminosa, se trata casi siempre de la misma fórmula y te será de mucha utilidad entender cómo funciona. Puedes por lo tanto dejar los cálculos a un lado en un primer momento y volver después a estudiarlos con más detalle si sientes la necesidad.

9 LA OTRA CARA DEL VALOR DEL DINERO EN EL TIEMPO

Hemos visto cómo el interés compuesto produce beneficios a nuestras inversiones, pero hay que saber que de cierta forma, también disminuye el valor de nuestro patrimonio si nuestras inversiones no crecen al ritmo de la economía.

Todos hemos oído hablar de la inflación. La inflación es el aumento de los precios promediados de los productos que se comercializan en una economía. Hay varias formas de medirla, de acuerdo con los productos que se integren en las distintas cestas o grupos de ellos. Hay una inflación anual, una interanual que se mide entre periodos de tiempo distintos al año natural, una subyacente que elimina algunos productos como pueden ser alimentos y energías. También se oye hablar del IPC o índice de precios al consumo, que no es técnicamente lo mismo pero que transmite la misma idea.

Intuitivamente entendemos que cuando la inflación es alta, los precios suben y el dinero pierde valor. Si los precios suben, podremos adquirir menos bienes con el mismo dinero en un futuro, por eso el dinero pierde valor.

La inflación puede producirse por dos razones principales. Una, debido a que existe más demanda que oferta. Este fenómeno es detectado por los ofertantes que responden subiendo los precios, haciendo bajar la demanda hasta que se logra el equilibrio con la oferta. La otra razón es la llamada inflación monetaria, y se da cuando aumenta la cantidad de dinero en circulación, la masa monetaria, lo cual también es detectado por el mercado, produciendo el mismo efecto de aumento de precios.

Cuando ocurre una variación brusca de la inflación al alza, nuestro dinero ahorrado pierde valor, pero nuestras deudas adquiridas también se reducen. Si pedimos un préstamo para pagarlo en cuotas periódicas iguales, cada cuota tendrá un valor en moneda constante menor, y más pequeño cuanto mayor sea la inflación. La moneda constante es la moneda corriente corregida con el factor de inflación. Un euro siempre es un euro, pero un euro de hace diez años representaba más valor en aquel tiempo.

Un euro de hace diez años representa un valor actual de $(1+i)^{10}$ veces mayor.

Debido a ello, si se prevé un periodo de alta inflación, no es mala opción el seguir una estrategia de endeudamiento (a tipo de interés fijo, ¡claro!).

Pero, a su vez, el tipo de interés del dinero aumentará. Es decir, el dinero se volverá caro, precisamente porque el que lo presta no quiere perder su valor en el tiempo. En caso de no lograrlo, mejor haría adquiriendo un bien duradero, como es el oro. Así pues, el dinero, genéricamente, puede estar caro o barato.

Hemos visto anteriormente como una cantidad inicial de dinero se incrementaba sustancialmente en el tiempo, debido al interés compuesto. El dinero por lo tanto, vale más en el pasado. Podemos entonces calcular cuánto dinero en el futuro equivale a dinero en el momento actual.

Imaginemos que hemos ahorrado 50.000 euros, y lo hemos guardado en una caja fuerte durante 10 años, ya que no queremos arriesgarnos a invertirlo. Obviamente tendremos la misma cantidad final. Imaginemos que la inflación actual es de un 3%. Esa es la rentabilidad mínima que necesitamos obtener para mantener el poder adquisitivo de nuestros ahorros.

Podemos formular la pregunta de acuerdo con lo aprendido en el capítulo anterior. ¿Qué cantidad inicial hace falta para obtener 50.000 euros a 10 años al 3%? Utilizando la expresión que ya conocemos tendremos:

$Cf = Ci(1+r)^n$; $(1+r)^n$ es el factor que hace aumentar la inversión en el tiempo. Pero ahora queremos calcular lo inverso, y por lo tanto despejamos Ci.

$Ci = \dfrac{Cf}{(1+r)^n}$; El denominador es el factor que descuenta a Cf en el tiempo.

$$Ci = \frac{50.000}{(1+0,03)^{10}}$$

$$Ci = 37.204$$

Es decir, que diez años más tarde tendremos el equivalente actual a 37.204 euros. Dentro de diez años, nuestro dinero equivaldría a 37.204 euros de hoy. Si hoy invertimos 37.204€ a 10 años al 3%, obtendremos 50.000€. Esto nos permite comparar cantidades de dinero en distintos momentos del tiempo, es decir, comparamos moneda constante. Las distintas cantidades hay que llevarlas al mismo momento, presente o futuro para poder ser comparadas. Cuando las traemos al momento presente, las descontamos (dividimos) a un cierto tipo de interés.

Nos damos cuenta ahora de que el cálculo que hemos realizado en el capítulo anterior es en cierta forma impreciso. Habíamos calculado que si logramos invertir 10.000€ al 15% durante 25 años, obtendríamos un capital final de 330.000€. Pero, ahora nos damos cuenta de que ese dinero tendrá ese valor en 25 años. Para poder saber de cuánto dinero se trata, hay que compararlo en el momento presente, a moneda constante y ahora sabemos cómo hacerlo. Simplemente hay que descontarlo en el tiempo, al nivel de la inflación, es decir, al 3%.

$$Cf = \frac{330.000}{(1,03)^{25}} = 157.609$$

¡Qué desilusión! Nuestros ahorros partidos por la mitad. Los 330.000€ obtenidos equivaldrían a sólo 157.609€ actuales. Menos mal que nos damos cuenta ahora, ¡peor hubiera sido hacerlo dentro de 25 años!

Hasta aquí hemos aprendido que el dinero, si es invertido a un tipo de interés r, aumenta su valor en el tiempo de acuerdo con el factor $(1+r)^n$, pero para saber su valor real en el momento presente, hay que actualizarlo descontándolo, es decir, dividiéndolo, por el mismo factor.

Entonces, si multiplicamos y dividimos por el mismo factor, ¿no será la cantidad siempre igual? Será igual si el tipo de interés en el numerador y el denominador es el mismo. Será distinto si la rentabilidad de nuestras inversiones es mayor que la inflación, como indica el ejemplo anterior.

La expresión de forma genérica queda por lo tanto de la siguiente forma:

$$Cf = \frac{Ci(1+g)^n}{(1+r)^n}$$ Siendo en este caso g la rentabilidad de nuestra inversión y r el tipo de interés correspondiente a la inflación.

No siempre hay que utilizar la inflación como tipo de interés de referencia para calcular el valor del dinero en el momento presente. Eso depende de la rentabilidad que pueda ser conseguida de forma normal.

Por ejemplo, un ciudadano normal, sólo puede acceder a una rentabilidad sin riesgos cercana a la inflación. Un ciudadano inversor experto puede lograr una rentabilidad cercana a cierto índice bursátil. Una empresa, logra la rentabilidad de su actividad comercial. En cada uno de estos casos hay que utilizar un índice de actualización distinto.

Ese índice indica nuestro coste de oportunidad, o lo que perdemos si no realizamos esa inversión. Por eso, cuando calculamos el valor del dinero en el momento presente, hay que descontarlo con el tipo de interés que representa nuestro coste de oportunidad.

Si no tienes formación financiera, esto te resultará muy poco intuitivo. ¡Dale unas vueltas! Luego volveremos sobre ello.

De esta forma, vemos que si nuestra inversión crece con un tipo de interés g mayor que la inflación r, ganamos dinero. Si crece al mismo nivel, nos quedamos igual. Si crece a un ritmo menor, perdemos dinero.

Por ello, utilizamos en término "moneda constante" para referirnos al valor del dinero descontando la inflación, ya que aunque en términos absolutos la cantidad de dinero crezca en el tiempo, el valor permanece constate. El tipo de interés real es la diferencia g-r, o el tipo de interés obtenido restando la inflación. Esto, no obstante, es una aproximación, ya que como hemos visto, la fórmula exacta para calcularlo es la anteriormente expuesta $\frac{1+g}{1+r}$, y g-r es sólo una aproximación conocida como Ley de Fisher, que funciona bien cuando g y r son números pequeños. De hecho, si queremos obtener una rentabilidad g mantenida con la inflación la rentabilidad equivalente es (1+g)(1+r)=1+g+r+gr. Sumar la inflación al interés es intuitivo, pero que además haya que sumarle el factor gr no lo es. ¡Dale unas vueltas a esto!

Vamos a ver algunos ejemplos (no te olvides de coger papel y lápiz):

Ejemplo 1.

Hace 40 años un billete de autobús costaba 3 céntimos de euro. Hoy cuesta 1 euro. ¿Cuánto ha subido el precio anualmente de media?

$$0,03(1 + r)^{40} = 1;$$

$$(1 + r)^{40} = \frac{1}{0,03} = 33,33;$$

$$(1 + r) = \sqrt[40]{33,33} = 1,0916$$

$r = 0,0916$ Expresándolo en porcentaje y redondeando sería un 9,2% anual.

Ejemplo 2.

Tengo ahorrados 40.000 euros. El banco me ofrece un depósito a cinco años a un tipo fijo del 2% anual. La inflación actual es del 3%. ¿Cuánto valdrán mis ahorros dentro de 5 años?

De entrada vemos que si la inflación es mayor que el tipo de interés obtenido, perderemos dinero a moneda constante.

Utilizaremos la expresión que hemos estudiado anteriormente,

$$Cf = \frac{Ci(1 + g)^{n}}{(1 + r)^{n}}$$

$$Cf = \frac{40.000(1+0,02)^5}{(1+0,03)^5} = 38.096$$ El valor en moneda constante es

menor que el que tenemos hoy, aunque el dinero que percibamos dentro de 5 años sea de 44.163€.

Ejemplo 3.

Tengo intención de ahorrar. Quisiera duplicar mis ahorros en 5 años. ¿A qué tipo de interés debería de invertir?

Mis ahorros suman una cantidad C. Dentro de 5 años quiero tener el doble, es decir 2C.

$C(1+r)^5 = 2C$ Las C se cancelan mutuamente

$(1+r) = \sqrt[5]{2} = 1,1487$

$r = 0,1487$ Es decir, redondeando hacia arriba, tengo que invertir al 15%.

Si la inflación es del 3%, ¿a qué cantidad equivaldría ese dinero hoy?

$$\frac{2}{(1,03)^5} = 1,73$$ Por lo que dentro de 5 años duplicaría mi capital, pero

en moneda constante sólo equivaldría a 1,73 veces más, no al doble.

Para poder tener una capacidad de compra del doble, ¿a qué tipo de interés debería de haber invertido?

$$C\frac{(1+r)^5}{(1,03)^5} = 2C$$ Resolviendo, obtenemos r=0,183, por lo que habría

que invertir a más del 18%.

Ejemplo 4

Me ofrecen una inversión al 5%. Si la mantengo, ¿En cuántos años duplicaré mis ahorros?

$C(1,05)^n = 2C$ Las C se cancelan mutuamente, como en el caso anterior.

Hay que buscar esa n. Simplemente da valores a la n con la calculadora o practica con una hoja de cálculo. Te recomiendo hacer esto último (usa la función goalseek).

Si te acuerdas de lo que aprendiste en el colegio, puedes tomar logaritmos, quedaría:

$n \log(1,05) = \log 2$

Y despejando, n=14,2 años.

10 TUS INVERSIONES

En la vida tendrás que realizar inversiones. Lo primero de todo, es identificar qué es una inversión. No lo confundas con un gasto. De una inversión se espera un retorno, de un gasto no.

Para el ciudadano normal, hay pocas inversiones posibles, siendo la principal la vivienda. Tal como están las cosas, la compra de la vivienda propia nos deja desplumados para una larga temporada y nos quita la preocupación de dónde invertir, ya que desgraciadamente no vamos a tener dinero sobrante. Hablaremos de la vivienda más adelante.

Si conseguimos ahorrar, deberemos invertir parte de nuestros ahorros, bien para complementar nuestra futura pensión, bien para gastarlo en el futuro. Podemos invertir en renta fija, acciones, empresas, negocios de familiares o amigos, comprando bienes de valor duradero como es el oro, en inmuebles o fincas. No confundas esto con por ejemplo, comprar un coche. Esto no es una inversión, es un gasto, a no ser que lo uses para generar beneficios.

Una inversión implica utilizar una cantidad de dinero que a veces no se tiene. A veces, hay que recurrir a la financiación externa. Esto es práctica habitual en el mundo empresarial, dónde hay profesionales que se dedican sólo a esto. Son los directores financieros, controllers y responsables de tesorería los cuales velan por la estabilidad financiera de la empresa.

En un hogar es un poco distinto. No hay profesionales de las finanzas pero se nos exige tomar decisiones que literalmente nos hipotecan.

Lo primero que tienes que saber es que sólo hay que pedir prestado para realizar una inversión, y en contadas ocasiones, a no ser que seas un profesional o un empresario. Nunca para realizar un gasto, y menos para especular. No es que pedir un préstamo para realizar un gasto sea un error irreparable, simplemente es una actitud de la que debes huir. Si quieres gastar, ahórralo primero. Te resultará más barato y desarrollarás una cultura financiera mucho más sana. De lo que se trata en este libro es de desarrollar esta cultura financiera. Se trata de identificar hábitos y conocimientos que eviten errores en tu gestión financiera personal. Siempre podemos caer en un error, pero si desarrollamos buenas prácticas y evitamos las malas, tendremos muchas menos posibilidades de hacerlo. Ahorra y luego haz ese viaje. Ahorra y luego cómprate ese coche.

A su vez, es diferente invertir en un activo para luego obtener retornos de la inversión, como puede ser invertir en maquinaria o en un local, que para realizar una inversión puramente financiera. Mientras que en el primer caso, pedir financiación externa está justificado y es la norma habitual, en el segundo no, excepto que seas un profesional financiero. Pedir dinero prestado para realizar inversiones financieras se denomina comúnmente realizar inversiones apalancadas, y tienen mucho riesgo, ya que puedes perder más de lo que has invertido.

El millonario estadounidense Warren Buffet suele decir que no se debe invertir en nada que no se entienda. Esto limita mucho las posibilidades de inversión de un ciudadano normal, ya que, siendo sinceros, un ciudadano normal no tiene grandes conocimientos industriales, excepto el de la industria en la que trabaja. A mis alumnos universitarios, en la asignatura de Toma de Decisiones en Marketing, el primer concepto que trato de inculcarles es el de conocimiento de la industria.

Para conocer una industria, además de los conocimientos teóricos pertinentes hace falta años de experiencia trabajando en ella. Si preguntara a mí alrededor cual es, por ejemplo, el modelo de negocio, la cadena de valor o las fuerzas de la industria del negocio de las semillas, pocos estarían en disposición de responder de forma acertada, y eso que el negocio de las semillas, del grano, es una de las industrias más antiguas de la humanidad.

Por ello, hay que saber de forma bastante precisa que pasa en la industria en la que queremos invertir. Decisiones ligeras basadas en conceptos tales como 'el precio de la vivienda nunca cae' han hipotecado a muchas personas.

Todo el mundo tiene la sensación de que sabe cómo están los precios de la vivienda, pero si yo preguntara si un piso en Logroño por 250.000€ es caro o barato, sin especificar la zona, y si no eres de Logroño, simplemente no se puede responder. Conozco a personas que han realizado inversiones inmobiliarias en urbanizaciones en el norte de Marruecos porque comparativamente con las de Málaga eran mucho más baratas. Luego descubrieron que habían hecho una mala inversión, pero a la pregunta de cuánto vale una casa media en Marruecos, nadie sabía responder. Habían realizado inversiones sin estudiar el entorno.

Cuando, después de años de trabajo conseguí ahorrar un poco y tras muchos desengaños en el mercado de valores debido a las sucesivas crisis, decidí invertir en el mercado inmobiliario a través de una promoción en una estación de esquí pirenaica francesa. Era una promoción típica en la que la adquisición está soportada por un plan de alquiler que en la teoría hace que la inversión se pague sola, aunque en la realidad he conocido muchos casos en los que luego cambiaban las condiciones y el 5% prometido de rentabilidad se transformaba en un 1%. No te fíes.

Al final, la promoción no salió adelante. No perdimos dinero, aunque si tiempo y esfuerzo. Justo en ese momento el euro se puso en máximos frente al dólar y el mercado inmobiliario americano se hundió con la quiebra de sus dos más famosas gestoras de nombre gracioso, (gracioso para ellos, claro) Fannie Mae y Freddie Mac. Ya que tenía acceso a cierto conocimiento de ese país debido a que mi esposa es estadounidense, nos planteamos redirigir nuestro proyecto de inversión a ese mercado. Pero primero necesitábamos saber cuál era el precio de referencia de una vivienda en Estados Unidos. Entonces, dediqué un año en estudiar el barrio donde mi esposa tenía su casa familiar.

Cuando ya tuvimos las cosas claras, supe la evolución de precios de la última década, los precios de las viviendas de alrededor, la caída en los últimos cinco años, decimos realizar la inversión. Por eso siempre digo, que yo no sé cuánto vale una casa en Estados Unidos, yo sólo sé lo que valen en el barrio de mi mujer, sólo conozco esa industria. ¡Ahí sí soy un experto!

Además del mercado de activos inmobiliarios y otros activos como puede ser el oro, no te quedan, como ciudadano normal no experto, muchas más opciones. La primera prioridad es que inviertas en mercados que tengan liquidez. Huye de árboles, bosques, huertos solares, sellos y otro tipo de industrias que desconoces. Y respecto a los instrumentos financieros, básicamente son dos: acciones y fondos de inversión. Todo lo que no sea esto, es decir, mercado de derivados, forex, inversiones que no cotizan en bolsa, perpetuidades o deuda perpetua (luego las estudiaremos), no son apropiadas para ti.

En el mundo empresarial se calcula siempre el retorno de las inversiones. En las finanzas personales también hay que hacerlo. Ahora que sabemos cómo calcular el valor del dinero en el tiempo, veremos que es una tarea relativamente sencilla. Los administradores empresariales recurren sistemáticamente a la financiación externa ya que las empresas normalmente no disponen de las suficientes reservas debido a que distribuyen las ganancias entre sus accionistas. Este es el objetivo de la empresa y la razón de invertir en ella.

Por eso, cuando una empresa va a acometer un nuevo proyecto necesita invertir una cierta cantidad de dinero que debe ser pedido bien a un banco o a los accionistas. Antes de nada, hay que calcular los beneficios que va a dar esa inversión y su rentabilidad. Es un ejercicio típico de los denominados Inversión y Financiación (no gasto y financiación, ¡acuérdate de esto!).

Vamos a verlo con un ejemplo. Imaginemos que una empresa pastelera va a invertir en un nuevo negocio que consiste en fabricar un nuevo tipo de pastas. La empresa ha estudiado el mercado y cree que puede fabricar y vender esas pastas obteniendo unos beneficios, después de descontar gastos, de 10.000 euros al año. Al cabo de 10 años, la máquina estará inservible y no tendrá valor.

Para ello hace falta comprar una máquina que fabrique las pastas. La máquina vale 80.000 euros. Nos preguntamos si es rentable acometer este negocio.

La forma de hacerlo es simplemente comparar los valores en el momento presente de la inversión y de sus beneficios obtenidos por la comercialización de las pastas, el retorno de la inversión. Siempre se hace del mismo modo.

Hemos dicho que los beneficios anuales serán de 10.000 euros. Es importante darse cuenta que esos 10.000 euros se obtienen restando a los beneficios comerciales sus costes, como pueden ser materia prima, salarios y otros, sin incluir los costes financieros, es decir, sin incluir los intereses del crédito. Esto puede resultarte poco intuitivo si no tienes conocimientos financieros. Los intereses se descuentan al actualizar el dinero al momento presente. Puedes comprobarlo yendo a los capítulos anteriores y haciendo algunos números. Ya no es tan evidente el tema, ¿verdad?

Entonces lo que tenemos que hacer es traer al momento presente los beneficios futuros, de la siguiente forma:

Momento presente: Inversión de 80.000 euros

Año 1: Beneficio de 10.000 euros

Años sucesivos hasta año 10: Beneficio de 10.000 euros.

Para valorar el dinero en el momento presente, aplicamos las fórmulas que hemos aprendido:

Año 1: $\dfrac{10.000}{(1+r)}$

Año 2: $\dfrac{10.000}{(1+r)^2}$

Año 3: $\dfrac{10.000}{(1+r)^3}$ y así sucesivamente hasta llegar al año 10

Año 10: $\dfrac{10.000}{(1+r)^{10}}$

Si la máquina comprada tuviera algún valor residual, habría que sumarlo en el último año junto con los beneficios de ese año.

Ahora viene el problema curioso de determinar r. Como ya hemos dicho, r debe ser el tipo de interés normalmente utilizado por la empresa en sus inversiones. Si por ejemplo, dicha empresa obtiene retornos de su inversión típicos del 10%, debe realizar el descuento a esa tasa, ya que esta inversión está compitiendo con otras posibles inversiones que suelen rondar el mencionado tipo. Para nuestro caso particular, vamos a utilizar una tasa de descuento acorde con el tipo obtenido en la banca normal, es decir, cercana a la inflación. Pongamos que sea un 3%.

Entonces, realizando los cálculos y redondeando obtenemos:

$$\text{Año 1: } \frac{10.000}{(1+r)} = \frac{10.000}{1,03} = 9.709$$

$$\text{Año 2: } \frac{10.000}{(1+r)^2} = \frac{10.000}{(1,03)^2} = 9.426$$

Y así sucesivamente hasta llegar al año 10. Obtenemos la siguiente tabla:

Año	Valor
1	9709
2	9426
3	9151
4	8885
5	8626
6	8375
7	8131
8	7894
9	7664
10	7441

En la tabla podemos observar que el mismo dinero, obtenido más tarde, vale menos en el momento presente (su valor constante disminuye).

Y ahora ya lo podemos sumar directamente, ya que hemos calculado el valor del dinero al momento inicial. La suma de las ventas es 85.302. La inversión inicial es de 80.000, por lo que el negocio es rentable. Esto se llama en términos financieros en Valor Actualizado Neto (VAN) o Net Present Value (NPV) en inglés. Cuando el VAN es mayor que cero, el proyecto es rentable.

Si el VAN fuera cero, también se gana. Se gana debido a que los beneficios producidos de la inversión ya tienen descontados los gastos, es decir, que en el caso de una empresa, estarían contemplados los sueldos y eso implica que seguimos funcionando. También se gana la rentabilidad correspondiente al tipo de descuento. En el caso de VAN=0, la rentabilidad es ese tipo de descuento utilizado, y si es mayor que cero, la rentabilidad es mayor.

Podemos por lo tanto calcular la rentabilidad de esta inversión. Para ello tenemos que realizar algunas iteraciones, dando valores a r con el fin de que la suma de los retornos vaya disminuyendo hasta igualarse con la inversión, es decir, a producir un VAN=0. Cuanto más alto sea r, más interés le estamos pidiendo a nuestra inversión. Esto es bastante intuitivo. Se puede hacer a mano, o con ayuda de una hoja de cálculo.

Procediendo de esta forma, obtenemos la siguiente tabla:

Interés	0,03	0,04	0,05	0,043
Año				
1	9709	9615	9524	9588
2	9426	9246	9070	9192
3	9151	8890	8638	8813
4	8885	8548	8227	8450
5	8626	8219	7835	8102
6	8375	7903	7462	7768
7	8131	7599	7107	7447
8	7894	7307	6768	7140
9	7664	7026	6446	6846
10	7441	6756	6139	6564
Suma	85302	81109	77217	79911

Podemos observar que con un tipo de descuento (interés) del 0,04 (4%), obtenemos unos beneficios de 81.109€, por lo que todavía ganamos, ya que la inversión inicial fue de 80.000€. Con un tipo de 0,05 (5%) obtenemos un total de 77.217, con lo cual ya perdemos dinero.

Aproximadamente con un tipo intermedio, del 4,3% la suma se queda en cero. Esta es pues, la rentabilidad de este caso. Si la inflación fuera del 4,3% en vez del 3%, no ganaríamos nada. Si la inflación fuese del 5%, perderíamos dinero con este proyecto, por lo cual la inversión no tendría sentido.

Este valor de r en el que la inversión es igual a su retorno, es el interés de la inversión. En el mundo empresarial, a esto se le llama Tasa Interna de Retorno, o TIR (IRR o Internal Rate of Return, en inglés).

10.1 TRES OBSERVACIONES CONCEPTUALES

Hay ciertos puntos en este cálculo que son de interés debido a que conllevan una carga conceptual poco intuitiva, y que merecen ser resaltados.

1.- A mayor factor de descuento, menor valor actual.

Podemos comprobar cómo, si nuestro factor de descuento es mayor, nuestro valor presente, es menor. Podríamos vernos tentados a utilizar un tipo de descuento inferior, por ejemplo, la inflación en vez de la TIR (tasa interna de retorno) de la empresa, que es el tipo de interés logrado por las inversiones empresariales. Si utilizamos la inflación, el VAN saldrá más alto, y aparentemente la inversión será mejor.

Pero esto no es correcto. Imaginémonos que nuestra empresa consigue de forma sistemática, debido a su buena gestión, unos beneficios del 10%, que transmite a sus accionistas. Podemos pensar que debido a su buena gestión, un banco le presta a la empresa dinero al 6% para acometer determinado proyecto. Podríamos calcular el VAN del proyecto descontado al 6% y podría salir positivo, dando una TIR de por ejemplo el 7%. Ganaríamos dinero. Pero esto es incorrecto. Cualquier accionista podría conseguir dinero del banco e invertirlo en la empresa al 10%, mientras que la empresa lo está invirtiendo al 7%. Por ello, el factor de descuento debe ser en este caso del 10%, y el VAN saldría negativo, ya que lo que refleja este cálculo es la pérdida del coste de oportunidad que tenemos al seguir invirtiendo en proyectos al 10%, que es el rendimiento normal de nuestra empresa.

El factor de descuento será por lo tanto distinto para distintas empresas y también para distintas personas. Esto es poco intuitivo, pero es así. Puedes pensar que el dinero tiene un valor absoluto, pero no, depende del factor de descuento. Mirando hacia delante se ve claro. Si por ejemplo, eres capaz de lograr rendimientos financieros del 10%, un dinero inicial se transformará en un dinero final en proporción a ese 10%. Otra persona, por ejemplo, tu primo que sólo puede obtener rendimientos de un 1%, obtendrá menos, evidentemente. Esto se ve claro.

Pero entonces, esto también debe de ser válido hacia atrás. Si alguien te ofreciera un dinero al cabo de 10 años tú podrías calcular cuánto vale ese dinero para ti en el momento presente. Lo tienes que descontar al 10%. Tu primo, en cambio, lo descontaría al 1% y cada uno de vosotros obtendría un valor actual distinto. Esto no es muy intuitivo. Si eres físico o ingeniero verás que todo esto tiene un cierto tono relativista. Un dinero futuro tiene distinto valor actual para dos personas distintas, lo mismo que un dinero actual produce distintos valores futuros para dos personas distintas.

Un ejemplo ilustrará este dilema. Imagínate que un banco te ofrece a ti y a tu primo invertir 10.000€ ahora, obteniendo 15.000€ al cabo de cinco años. Tú normalmente obtienes un 10% de tus inversiones, y tu primo un 1%. Tú puedes calcular el valor actual de esa inversión, descontando al 10%, lo que da un valor actual de 9.314€, menos de los 10.000€ que requiere la inversión. No te interesa. A tu primo en cambio, descontando al 1% le da un valor actual de 14.274€, le interesa mucho. El interés de la inversión, tú ya sabes calcularlo ahora, es del 8,5%, más del 1% que obtiene tu primo, menos del 10% que obtienes tú.

2.- El tipo de interés del crédito no aparece en los cálculos.

Este punto puede llevar al desconcierto.

Hemos dicho antes, que al calcular el VAN, no hay que descontar los pagos de intereses, Estos, se descuentan automáticamente al actualizar el valor del dinero al momento presente. Pero el descuento se hace utilizando el tipo normal en nuestras inversiones, no el tipo de interés del préstamo, tal y como hemos visto en el punto anterior. Entonces, ¿Cómo influye el tipo de interés del préstamo?

La respuesta es que nuestra TIR tiene que ser mayor que el tipo de interés que la financiación que obtenemos. Si es así, ganamos dinero, y el dinero que ganamos se refleja en el VAN. Los cálculos de empresa, se realizan de esta manera.

Los cálculos de nuestros hogares, los haremos en cambio utilizando como factor de descuento el tipo de interés del crédito hipotecario o de la inflación, que serán muy parecidos, con el fin de simplificar conceptos, que además serán parecidos al tipo de nuestras inversiones normales. De esta forma sí aparece el tipo de interés del préstamo en nuestros cálculos.

Al aumentar el tipo de interés de un préstamo hipotecario y calcular el valor presente de la vivienda adquirida con él, este valor será más bajo cuanto más alto el tipo de interés, lo que refleja el pago de los intereses del préstamo.

En este capítulo hemos aprendido a evaluar inversiones. Simplemente hemos aplicado la fórmula del valor del dinero en el tiempo a cada año, y lo hemos sumado. Luego hemos restado la inversión inicial. Así de sencillo, pero con matices.

Observa que si realizamos una inversión y su VAN, descontado al IPC, da cero, la rentabilidad del proyecto sería el IPC. No obstante, el proyecto no interesaría, ya que podríamos conseguir esa rentabilidad sin riesgo mediante por ejemplo, un depósito a plazo.

3.- Es diferente comparar Valores Actualizados Netos que calcular la capacidad actual de compra.

Insistiré en los conceptos anteriores:

Para comparar dos inversiones, utilizaremos un tipo de descuento correspondiente al tipo mayor disponible para invertir sin riesgo. De esta forma, el valor resultante se puede comparar entre las dos opciones, y se compara a su vez contra la mayor opción de inversión posible sin riesgo ya que obligamos a que el VAN sea positivo a ese nivel de descuento.

Para calcular la capacidad de compra actual, utilizaremos el tipo correspondiente a la inflación. De esta forma, compararemos el retorno de una inversión contra el retorno del precio del dinero que cambia con la inflación.

Veámoslo con un ejemplo.

Como soy un buen cliente, mi banco me ofrece la posibilidad de invertir a plazo fijo al 6%, sin riesgo, siempre que quiera. Por lo tanto, mi factor de descuento para comparar inversiones, es el 6%. Cuando calcule el VAN de otra inversión comparada con esta, el valor positivo resultante indicará que la inversión es superior al 6%. Si calculo en VAN de esta misma inversión, el resultado será cero, ya que no gano nada contra esta misma inversión, ¿obvio, no?

$$VAN = -Ci + Cf = -Ci + Ci\frac{(1+g)}{(1+r)} = 0$$; Ya que g=r, gano el 6% y

descuento al 6%, el capital final actualizado será igual al inicial. Cero significa que no gano nada frente a lo que puedo ganar sin hacer nada excepcional, es decir, invirtiendo sin riesgo.

En cambio, mi capacidad de compra Cc (frente a la inflación r) habrá aumentado. Supongamos que la inflación es de un 3%. En este caso, g y r son distintas. Estamos realizando otro tipo de comparación.

$$Cc = -Ci + Cf = -Ci + Ci\frac{(1,06)}{(1,03)} = Ci(0,03)$$ He aumentado mi poder

de compra en un 3%.

Conclusión: el tipo de descuento es diferente para los distintos cálculos, VAN o Cc.

Si has entendido todo esto a la primera, es que no has entendido nada, te recomiendo un repaso.

11 TU ENTORNO

Todavía me acuerdo cuando abrí mi primer plan de pensiones. Tenía menos de treinta años. En el banco me dijeron que el cliente tipo era una persona de más edad. Lo abrí de todos modos.

Entonces, hace unos veintipocos años, todavía no se hablaba demasiado de quiebras estatales. No existía el euro, y cada país podía generar toda la moneda que quisiese, con lo cual no había problemas de liquidez. Aunque el sistema de pensiones español es poco sólido, ya que requiere que varios trabajadores le paguen a un pensionista, el estado podía teóricamente generar moneda si es que hacía falta.

El estado podía evitar la quiebra fácilmente. Cuando eres un estado soberano, no quiebras, pero puedes tener problemas para acceder con facilidad a los mercados internacionales. Para acceder a un mercado, necesitas disponer de la moneda en la que trabaja ese mercado. Debes acudir al mercado y comprar la moneda en la que quieres operar. Pero para eso, tienes que vender simultáneamente tu propia moneda. Esto se hace en el Foreign Exchange Market, también conocido como Forex.

Pongamos un ejemplo. Si un ruso quiere comprar algo en Inglaterra, necesita libras. Entonces, en el proceso de compra de libras, simultáneamente alguien compra sus rublos. Ese es el proceso de cambio de moneda. Si alguien compra los rublos es porque hay algo en Rusia que merece ser comprado. Si no hay nada que merezca ser comprado, nadie comprará los rublos y si el ruso quiere seguir comprando libras necesitará ofrecer muchos rublos por una libra con el fin de convencer a algún vendedor de libras.

Es decir, que el mercado se equilibra automáticamente y con ello la balanza de pagos de los países. El ruso se queda con tanto valor en libras como el inglés en rublos. El paso siguiente es gastar la moneda en el país de destino. Por definición, las balanzas quedan igualadas. Aunque esto es así, hay otros matices técnicos en los que no entraremos en este libro.

Así pues, por muchas ganas que tenga, el ruso no va a comprar nada en Inglaterra hasta que no cambie sus rublos. Así es en todos los países con moneda propia. Es imposible endeudarte, ya que el país que te vende solo va a admitir su propia moneda, que has tenido que comprar antes. Esto es así, excepto que pidas expresamente un crédito al Fondo Monetario Internacional, al Banco mundial o a la banca comercial.

Si alguna vez eres presidente del gobierno y vas a pedir un crédito al FMI, acuérdate de haber entendido bien el capítulo anterior, y pide sólo un crédito para realizar inversiones, no para gastarlo. Y calcula bien el VAN y la TIR. Si lo pides para gastar luego no podrás pagarlo, les ha pasado a muchos… ¿te suena? Entonces sí que quiebras, ya que lo que no te van a dejar es generar moneda de otro país, al menos legalmente.

Pero todo esto es cuando eres un país soberano. Cuando no lo eres, es decir, cuando no tienes un banco central propio que emita su propia moneda, entonces sí que puedes quebrar, incluso sin darte cuenta.

Los países, excepto que les surjan riquezas del suelo o que las roben, sólo tienen la riqueza que producen sus propios habitantes. Luego, a estas riquezas, se les asigna un valor monetario, aunque esto sólo es una herramienta del mercado, no es la realidad absoluta. Una vez establecido un equilibrio, el país funciona dentro de una deseable estabilidad, donde se espera una ligera inflación, poca, ya que si aumenta el valor asignado de las cosas más que su valor real (esto es, una burbuja), luego vendrá el subsiguiente ajuste con su recesión correspondiente y sus miserias.

Si un país soberano se encuentra con problemas de liquidez, por ejemplo, no puede pagar a sus pensionistas, la solución es fácil. El banco central imprime literalmente dinero. Con el dinero, se paga a los pensionistas. Solucionado. Subsecuentemente, el mercado detectará el exceso de moneda generada, y ya que los bienes materiales de esa economía son los mismos, la moneda de ese país perderá valor en la misma proporción en la que se ha generado la nueva cantidad de moneda. Así pues, los bienes de importación serán más caros, quizá inaccesibles, pero internamente podemos seguir operando. Se reparte la pobreza. Es lo que pasó en España durante décadas.

En cambio, cuando se usa una moneda común, como es el euro, las cosas son bien distintas. Ahora podemos, por ejemplo, comprar bienes producidos en otro país sin necesidad de cambiar la moneda. Por ejemplo, podemos comprar coches alemanes, que nos gustan mucho, mucho más que los producidos por nosotros mismos. Antes, tendríamos que haber comprado marcos alemanes y por lo tanto ellos tendrían pesetas que solo servirían para gastarlas en España, equilibrando las balanzas. Ahora ellos tienen euros que no tienen por qué gastarlos en España. Entones gastarán los euros allí donde más les plazca, en vinos italianos o perfumes franceses.

Esos euros no tienen por qué volver a España. De esta forma, si tu economía no produce bienes lo suficientemente atractivos o competitivos, no venderá, aunque nosotros no tenemos problema para seguir gastando y comprando el mejor producto, todo ello soportado por una moneda común que nos da más poder de compra que el que nos correspondería.

De esta forma la balanza de pagos se volverá deficitaria y ya que las matemáticas son inflexibles, si gastas más de lo que ganas, tienes por fuerza que pedir un préstamo. Cuando este préstamo va creciendo, tu riesgo de impago aumenta, y los prestamistas te prestan a un tipo de interés mayor, lo cual hace que a su vez tu deuda aumente más rápido.

Es la famosa prima de riesgo. Cuando tu deuda supera ciertos límites, ya no puedes pagarla y quiebras. Entonces te tienen que rescatar, que no es más que proporcionarte más deuda para que puedas seguir operando a cambio de una pérdida de soberanía, cuyos resultados pueden ser muy inciertos.

Esto ya ha pasado muchas veces en otras geografías. En Sudamérica, muchos países han sido estrangulados literalmente por la deuda. Realizaron inversiones fallidas que no pudieron ser pagadas. Mucha de la deuda tuvo que ser finalmente cancelada, después de pagar mucho en intereses.

Lo importante de todo esto, es entender qué está pasando para que puedas prepararte para el futuro. Analizar la situación correctamente es de importancia suprema. En la planificación de negocio de una empresa, el capítulo de estudio del entorno debe ser del orden de la mitad del plan general. Pero lo que es incluso más importante es aceptar los resultados del análisis y no engañarte a ti mismo, ni tampoco tolerar que nos pretendan engañar.

Quizá hayas oído a algún economista o político decir que la deuda pública de un país no se paga nunca. Lo importante es que la relación entre la deuda y el PIB no salga de cierto porcentaje. La deuda se renueva constantemente, se renegocia su tipo de interés.

Esto es posible ya que los países o estados tienen una vida ilimitada. Las personas en cambio, tenemos una vida limitada e incluso definida, debemos devolver el principal del crédito y sus intereses antes de abandonar el mercado del trabajo. Los países pueden mantener la deuda viva de forma ilimitada. De esta forma, no es tan importante la deuda si es que somos capaces de pagar los intereses. Incluso si la deuda es en la propia moneda puede incluso reducirse vía inflación.

Pero todo esto no es totalmente correcto. Es cierto que es verdad cuando el PIB aumenta más que la deuda. En esta caso podemos aumentar la deuda incluso disminuyendo el porcentaje de deuda frente al PIB. Pero en caso de disminución del PIB, el porcentaje aumentará y además tendremos problemas para pagar los intereses. El gobierno se verá abocado a aumentar los impuestos para poder pagarla empeorando la recesión. Es lo que está pasando actualmente en España.

Así que debemos de huir del planteamiento naif y simplón de decir que las cosas van bien por las simples apariencias. Si te encuentras en una embarcación lejos de la costa, con el mar en calma, una suave brisa en un día soleado pero con el motor averiado, la situación lejos de paradisíaca, es crítica. Si no cambia el tiempo, no pasa nada, pero si se desata una tormenta estarás perdido.

En España la deuda pública sigue aumentando y no parece que el aumento del PIB lo vaya a compensar. Y eso significa que las cosas van mal, porque de seguir así puede llevarnos a la quiebra. Y en el camino, nos supondrá pagar un porcentaje importante del PIB en intereses, que se puede prolongar durante décadas afectándonos a todos en la disminución de las prestaciones sociales, jubilación, sanidad y aumento de impuestos.

El PIB de España es del orden de 1.000.000 millones de euros, 1000 billardos, 1000 billions en inglés, un billón en castellano. El billón español (un millón de millones) es conveniente para contar átomos o estrellas pero no lo es tanto para contar dinero. Para esto se adapta mejor el billón anglosajón (mil millones), que se está denominando billardo, para diferenciarlo del billón.

La deuda pública española representa cerca del 100% del mismo, y sus intereses son aproximadamente del 3,5%, es decir, 35.000 millones de euros. Para que te hagas una idea, esta cifra es mayor del doble que la destinada a prestaciones por desempleo y representa aproximadamente un tercio de los ingresos por turismo. La deuda sigue en aumento y la vas a pagar tú. Esto tienes que saberlo, para poder generar una opinión crítica y para tomar tus medidas. Esto va para largo.

No sé si tu pensamiento será de derechas o de izquierdas, pero verdaderamente creo que importa poco. Serlo suele depender de tu familia, de tu cultura, de tu país, y así, aún y todo, es algo relativo. Cualquier partido de derechas europeo es mucho más de izquierdas que el partido de izquierdas norteamericano. El término liberal se usa en sentido opuesto en Europa que en estados Unidos, y significa cosas distintas según quién seas. Adicionalmente, cuando uno es joven y tiene poco suele querer que compartan con él. Cuando uno se hace mayor y empieza a acumular capital, quiere conservarlo y no compartirlo. Uno es conservador cuando quiere estabilidad en su estado de bonanza, pero liberal cuando cree que puede ganar algo adicional, es decir, que depende del entorno y de la oportunidad.

Decantarse por una política de derechas o de izquierdas es bueno cuando se hace conscientemente de acuerdo con la situación. Es como conducir un coche, a veces hay que girar a un lado, y otras veces al otro. Girar sólo y siempre a un lado sería desastroso. Algunas veces hay que impulsar los servicios sociales. Otras veces hay que estimular la actividad privada. La virtud posiblemente estará en el equilibrio. La mayoría de las personas, de derechas o de izquierdas, queremos básicamente lo mismo: libertad, seguridad, unos servicios sociales básicos como pueden ser la educación, la sanidad y las pensiones, y unas posibilidades ilimitadas de acción. Todos deseamos, si podemos, tener un coche mejor, una casa mejor… quizá incluso otra en la playa…

Por ello debes estar muy atento a los mensajes populistas. La realidad es muy terca. Es importante saber que lo que obtengamos como sociedad será el resultado de nuestro trabajo y del diseño que hayamos realizado, el cual se basará en la estabilidad de los sistemas sociales y económicos. La sociedad no puede prosperar en la desigualdad social ni en la económica.

Esto es muy importante porque el ser humano es muy sensible a los mensajes negativos, aunque sean verdaderos, y los rechaza. Si un político nos promete que nos va a hacer a todos ricos mientras que otro nos pide trabajar duro porque vienen tiempos malos, votaremos al primero. Ocurre así, y por eso nos dicen lo que queremos oír, aunque sepamos que la riqueza es algo relativo, ya que si todos somos iguales ninguno se considerará rico (aunque viva mejor que cualquier rey de la edad media).

Aun así, nos gusta más que nos digan que nos van a hacer a todos ricos (mensaje imposible de la derecha) que, que nos van a hacer a todos iguales (mensaje imposible de la izquierda), cuando es básicamente lo mismo. Nuestra sociedad debe madurar para aceptar los mensajes cuando reflejan una realidad que no es todo lo buena que quisiéramos.

Muchas veces ocurre que el beneficio propio se opone al bien común, es un caso muy frecuente. Esto hay que entenderlo de antemano y tener la suficiente generosidad para apoyar un sistema que garantice el bien común. Aportar de acuerdo con las normas y no abusar de él.

Pero lo que debemos de rechazar como sociedad, quisiera insistir, es la pérdida de los beneficios sociales básicos. La sociedad funciona como un seguro. Poniendo una cuota personal cubrimos imprevistos bien sean sanitarios, sociales o laborales de toda la sociedad. Debemos mantener el sistema sin abusar de él, haciéndolo sostenible. Los gobiernos deben ser transparentes en su gestión para que los ciudadanos nos identifiquemos con ella.

Los mensajes que dicen que el estado del bienestar no es sostenible son erróneos. Quizá quieran decir que no nos podamos permitir un estado del bienestar que gasta más de lo que consume. Eso sí. Pero entonces lo que debemos hacer es saber que requiere el sistema y cuánto hace falta para mantenerlo, lo cual no significa destruirlo.

Con inteligencia, trabajo y generosidad una sociedad como la nuestra debe incrementar su bienestar, y no a la inversa. Retroceder, ¡ni para tomar impulso!

12 TU PENSIÓN

Cuando uno es joven, no suele preocuparse de estas cosas, lo cual juega en tu contra. Además, la pensión en este país siempre ha estado, vamos a decir, garantizada. Uno acababa su vida laboral, se jubilaba y empezaba a cobrar su pensión. Si hacía falta imprimir billetes, se imprimían. Ahora con el euro eso ya no se puede.

Además, empezamos a apreciar signos de que esto puede estar cambiando. El sistema de pensiones en España es de tipo pirámide económica, parecida a un sistema de Ponzi, en la que varios trabajadores son necesarios para pagar a un pensionista. El sistema no puede sostenerse de esta forma, y de hecho, las pirámides de Ponzi son ilegales en la práctica económica.

Una pirámide de Ponzi es un sistema en el cual el dinero generado por muchos en un escalón inferior, se transfiere a menos en el escalón superior. Un sistema de este tipo implica que los escalones inferiores deben generarse continuamente y deben ser mayores que el escalón precedente, por eso son insostenibles y acaban quebrando. Se estima que en cuatro décadas habrá un jubilado por cada trabajador, y por lo tanto el sistema no podrá continuar. El sistema debe evolucionar para que cada trabajador genere su propio fondo de pensiones, aunque éste sea gestionado por el gobierno.

El gobierno ya está tomando medidas. Como el sistema claramente no es sostenible, el primer paso es reducir la cuantía de las pensiones. El sistema no va a quebrar, ya que somos un país avanzado, confío, pero para ello se bajarán las prestaciones todo lo que sea necesario. En el momento de escribir este libro, se ha ampliado la base de cálculo de 15 a 25 años, y se ha aumentado la edad de jubilación hasta los 67 años. Además, se ha aumentado el periodo de cotización hasta los 38 años y medio para cobrar el 100% de la pensión teórica. Y parece que las reformas no han hecho más que empezar.

En el futuro, la pensión de cada ciudadano será nominal. No puede ser de otra forma. Cada ciudadano tendrá que ahorrar para su jubilación, bien sea dentro de un plan gestionado por el estado, por la empresa, por él mismo o una combinación de las anteriores. En España actualmente, el sistema se basa en un fondo común alimentado por las aportaciones de trabajadores y empresas, con unas normas para la asignación de la pensión. En Estados Unidos, se basa en la gestión de las empresas, aunque se va decantando a la gestión personal. En Chile, tienen un sistema nominal auspiciado por el estado, similar a un plan de pensiones personal. Tendremos que aprender a pensar que una parte de nuestros ingresos se va a ir directamente a ahorrar para la pensión. Igual que hace la cigarra cuando mira a la hormiga.

Te voy a dar una razón muy poderosa para que te lo vayas pensando tú también desde ahora. No te va a dar tiempo. Un sencillo cálculo te lo demuestra. Si, de acuerdo con la ley, te jubilas después de haber trabajado 38 años y medio, y eso es a los 67, necesitas haber empezado a los 28 años y medio. Si pretendes adelantar tu jubilación a los, por ejemplo, 64, necesitas empezar a trabajar a los 25. Muy justito nos lo han puesto. Adelantar la pensión tres años te costará, tal como está ahora la ley, un 20% de las prestaciones. Muy caro.

Ya sé que ahora tienes otros problemas más acuciantes, como es la búsqueda de trabajo, pero no pierdas de vista éste. Tampoco te tomará mucho tiempo, simplemente entiende cómo funciona y monitorízalo.

Si ya tienes una nómina, fíjate en el epígrafe que dice "base de cotización". Es la cantidad de referencia para tu futura pensión, en lo que se basa la seguridad social para recaudar cuotas y calcular pensiones. Más de uno se ha llevado una sorpresa cuando, con frecuencia demasiado tarde, se ha dado cuenta que su empleador no pagaba las cuotas a la seguridad social o lo hacía por una base mucho menor, resultando en una pensión mucho menor, a su vez.

El cálculo de la pensión se explica claramente en la página web de la Seguridad Social. Básicamente es la base de cotización corregida a la baja dependiendo de si has cotizado menos de los 38 años y medio o te jubilas antes de los 67 años. En algunos casos, puede ser hasta mucho menos.

Vamos a ver matemáticamente como se sostiene el sistema de pensiones. Hay que tener en cuenta que el sistema de pensiones español es un sistema socializado, que puede pagar incluso a quien no haya cotizado lo suficiente, o pagar menos que lo que se haya cotizado. Pero para entenderlo, lo haremos de forma nominal.

Supongamos que realizamos aportaciones periódicas a un plan de ahorro, incrementadas cada año con la inflación, a la que llamaremos como hasta ahora, r.

El primer año, al inicio, aportaremos una cantidad C

El segundo año, aportaremos $C(1 + r)$

El tercer año, aportaremos $C(1 + r)^2$, y así sucesivamente.

El último año, año n, aportaremos $C(1 + r)^{(n-1)}$

Al final del año n, obtendremos:

Lo puesto en el año 1, multiplicado por $(1 + r)^n$, como ya hemos estudiado antes, ya que lo puesto en el año 1 está produciendo intereses durante n años.

Lo puesto en el año 2, multiplicado por $(1 + r)^{(n-1)}$ ya que produce intereses durante (n-1) años. Y así sucesivamente, hasta llegar al último año, que solo genera intereses ese año.

Al multiplicar la misma base (1+r), el resultado es que se suman los exponentes, por lo que obtenemos cada año la misma expresión: $C(1 + r)^n$

Como hemos realizado aportaciones durante n años, la suma final es $Cn(1 + r)^n$. Es decir, la cantidad inicial C multiplicada por el número de años y por el factor de tipo de interés elevado al número de años. Esto sale así de sencillo ya que el factor de actualización y de inflación es el mismo, r. Si fueran distintos, el cálculo se hubiera complicado y habría que hacerlo como se verá posteriormente en el caso de anualidad creciente.

Dado que el gobierno no es una agencia de inversiones, ni es realista esperar conseguir rendimientos por encima de la inflación para toda la población, r siempre será un tipo cercano a la inflación. Incluso batir a la inflación suele ser un problema para los jubilados y pensionistas.

El resultado de esta cifra puede ser espectacular, pero como ya sabes porque lo hemos estudiado antes, el valor real de ese dinero (valor constante) es el del momento presente, y para ello, lo calculamos dividiéndolo por el factor de actualización, que es el mismo $(1 + r)^n$, por lo que el valor real de ese dinero será simplemente C x n, es decir, la cantidad puesta el primer año por el número de años. El valor actual es C x n, ya que la C ha sido actualizada cada año con la inflación.

Esta cantidad es la que has entregado al gobierno durante tu vida laboral. Una vez llegado el momento de la jubilación el gobierno te empieza pagar a ti. ¿Cuánto podrá pagarte? Para calcularlo, podemos sumar lo que el gobierno te va entregando, hasta que sume la cantidad que le has entregado tú a él, todo ello actualizado en el tiempo.

El gobierno te pagara una pensión P actualizada cada año durante m años (n eran los años de aportación, m son los de retribución). La suma de estas pagas deberá sumar las aportaciones realizadas (sumadas en el mismo momento del tiempo, a moneda constante).

Realizando un razonamiento análogo al anterior, lo que recibiremos será P x m, la pensión P multiplicada por m años. Por lo tanto,

$$Cn = Pm$$

Esta sencilla expresión será utilizada más adelante para calcular pensiones. El término de la izquierda es la cantidad ahorrada hasta el momento de la jubilación, que dependerá de las distintas modalidades de ahorro e inversión. El término de la derecha se compone de P, la pensión en moneda constante, que aumentará cada año con la inflación (manteniendo su valor constante) y m, el número de años a percibirla.

Despejando P, quedaría: $P = \dfrac{n}{m} C$

En resumen, como era previsible, al no obtener rendimientos distintos de la inflación, la pensión sólo dependerá de la proporción entre los años de ahorro y los de cobro. Todo se reduce a un cálculo en moneda constante. La pensión P multiplicada por el número de años de percepción tiene que ser igual al dinero ahorrado.

La esperanza de vida actual está estimada en 15 años desde los 65. Por lo tanto, para obtener una pensión P, actualizada cada año con la inflación, durante 15 años, hay que aportar una cantidad de dinero igual a P multiplicado por los años de esperanza de vida. Es el mismo cálculo que haría una aseguradora o un banco (descontando su beneficio, claro). Si quieres una renta vitalicia de por ejemplo 10.000€ anuales, a partir de los 65 años, tienes que aportar 15 x 10.000€, es decir, 150.000€. Este dinero debería ser el que has ahorrado aportando una cantidad C anual durante n años. Para este caso particular, nos sale que si el número de años son 30, hay que ahorrar 5.000€ al año, todo ello para el caso conservador de g=r que una buena gestión podría mejorar.

En el sistema público de pensiones español, las empresas pagan aproximadamente un 23,6% de la base de cotización, y los empleados un 4,7%, resultando en un 28,3%. En teoría, el producto de la base de cotización por su porcentaje y por doce meses sería la aportación anual. Esa cifra multiplicada por el número de años de cotización totalizaría el capital acumulado. Este total, dividido por el número de años de esperanza de vida, estadísticamente 15 (de 65 a 80), nos daría la pensión anual.

Digo en teoría, porque la pensión se calcula de acuerdo con la base de cotización, pero en cambio el proceso de generación de la bolsa de pensiones no es personal ni capitalizable, por lo que el sistema no es autónomo y quizá no sea sostenible con estos parámetros.

Es de esperar una corrección en el sistema de pensiones público al aumentar la longevidad de los ciudadanos y en envejecimiento de la población, hasta que las cifras nominales sean sostenibles. Teóricamente, para mantener el nivel salarial hay que aportar el sistema el factor n/m, tal como hemos visto. Si n=15 años de jubilación y m=40 años de aportaciones, el cociente resulta superior al 37%, mayor que el 28% actual, por lo que es de esperar una subida de las aportaciones o una bajada de las prestaciones.

13 LA GESTIÓN DE TUS AHORROS.

Los cálculos realizados en el apartado anterior han supuesto una rentabilidad igual a la inflación (g=r). Nosotros podemos realizar inversiones más productivas, aunque es muy difícil que sean muy superiores a los rendimientos normales de la industria. Ya sabes, a mayor rentabilidad, mayor riesgo. Este libro no pretende ser una guía para invertir, simplemente quiere transmitir las bases de la cultura financiera para utilizarla a nivel personal y familiar.

Para entender estas bases, es necesario realizar un pequeño estudio de gestión financiera. No es complicado, no nos saldremos de los conceptos ya estudiados ni de unos cálculos matemáticos básicos. Es interesante que entiendas los cálculos, mucho más que el simple uso de las fórmulas. Te dará mayor capacidad de comprensión y mejorará tu nivel de diálogo financiero.

Ten en cuenta que en nuestra cultura socioeconómica, los ahorros suelen ser destinados a inversiones. Poca gente tiene realmente dinero líquido. Cuando eres joven, tienes deudas. A medida que maduras, las vas pagando hasta llegar a no tenerlas. Posteriormente, ahorrarás y empezarás a invertir, comprarás acciones, obligaciones, fondos, inmuebles. Hay que observar que estos activos no son dinero. Si compras acciones de una empresa, tienes acciones, no dinero, el dinero lo tiene el que te las ha vendido. Más adelante insistiremos sobre esto.

Comencemos con unos cuantos conceptos básicos, quizá poco intuitivos, que son la base del cálculo financiero, ¡y que hay que dominar!

13.1 AHORRA PROACTIVAMENTE.

Hace relativamente pocos años algunas empresas otorgaban a sus empleados una pensión de jubilación que complementaba a la de la Seguridad Social. Actualmente, estos planes se han ido sustituyendo por aportaciones nominales a fondos de pensiones o productos similares.

Conozco el caso de una persona que tuvo que evaluar entre dos tipos de planes. Fue hace ya algunos años. Cuando uno es joven, con frecuencia tiende a despreocuparse de este tipo de entresijos financieros.

El plan sustitutivo era teóricamente equivalente pero más flexible y basado en aportaciones nominales anuales, parecía más transparente y colocaba el dinero en una cuenta nominal mensualmente. No obstante, esta persona carecía de base financiera suficiente como para saber si los planes eran equivalentes o no. Ten cuidado con las decisiones tomadas en grupo, se tiende a analizar poco en la confianza de que los demás lo hacen por ti. Este hecho está codificado en el cerebro primitivo y es la base de los movimientos de las manadas, rebaños, tribus y sectas. Es importante aprender a analizar las situaciones de forma racional e independiente.

Debes por lo tanto desarrollar estas capacidades. Si alguien idea un plan sustitutivo de cualquier género y te lo ofrece, tienes que ser capaz de evaluar si ganas, pierdes o te quedas igual. Lo mismo pasa en el ámbito sociopolítico cuando escucho a los líderes políticos aconsejar a los ciudadanos que se hagan su propio plan de pensiones o su seguro sanitario ya que el estado no puede garantizar estos servicios. Si el estado, con sus directores, asesores y capacidad para contratarlos no puede proporcionar estos servicios, no comprendo cómo lo va a hacer el ciudadano de a pie. Suena muy mal. Estate atento a estos cambios.

La persona en cuestión empezó a pensar si de verdad eran planes equivalentes y a tratar de calcular cual iba a ser la pensión compensatoria que iba a poder generar a lo largo de su vida laboral. Es decir, que cantidad de ahorro debería generar cada año para obtener una pensión determinada, y a qué tipo de rentabilidad (y su consiguiente riesgo) debería tratar de invertirlo.

El primer punto relevante es que debemos cambiar nuestra forma de pensar colectiva. Parte de nuestro sueldo debe ser destinado a ahorro. Lo que ganamos no es sueldo neto (aparte de los impuestos, claro). Parte debe ser ahorrado para los gastos futuros en educación de nuestros hijos, pensiones y quizá sanidad. Si todos lo hiciéramos así quizá algunas burbujas como la inmobiliaria no se hubieran desarrollado tanto. No olvidemos que el mercado lo detecta todo. Si destinamos el 70% de nuestro sueldo en pagar la vivienda, el mercado sube el precio de la vivienda. Si sólo destinamos el 50% ya que ahorramos el restante 20%, los precios de la vivienda hubieran bajado en acordanza.

Claro que esto es sólo posible si toda la sociedad se comporta de la misma manera, esto es, si se genera una cultura socioeconómica. Lo mismo pasaría si parte de nuestro sueldo se ahorrara, como es el caso de la llamada "mochila austriaca", para el caso eventual de despido. Tendríamos un capital disponible para el futuro.

Pero volvamos a nuestro tema. Trataremos de averiguar qué cantidad de dinero tendríamos que ahorrar para poder asignarnos una pensión en el futuro.

Imaginemos, para trabajar con cifras redondas, que la Seguridad Social te otorga una pensión de jubilación de 30.000€ anuales. Mi objetivo podría ser complementar esta pensión con 15.000€ anuales para llegar a una pensión total de 45.000€. La pregunta es ¿Qué cantidad tengo que ahorra al año para conseguir esto?

Si ahorramos una cantidad C durante n años a interés compuesto, tenemos la siguiente sucesión:

$$Suma = C + C(1+r) + C(1+r)^2 + C(1+r)^3 + \cdots + C(1+r)^{n-1};$$

$$Suma = C(1 + (1+r) + (1+r)^2 + (1+r)^3 + \cdots + (1+r)^{n-1});$$

Esto es una progresión geométrica de razón $(1+r)$

La suma de una progresión geométrica de este tipo es conocida e igual al último término multiplicado por la razón menos el primero, dividido por la razón menos uno. De esta forma, queda:

$$Suma = C\frac{(1+r)^n - 1}{r};$$

Pero esto, como ya sabemos, es la cantidad de dinero al cabo de n años. Para calcular el valor presente, hay que dividirlo por el factor $(1+r)^n$

$$Suma = C\frac{(1+r)^n - 1}{r(1+r)^n} = \frac{C}{r}\left(1 - \frac{1}{(1+r)^n}\right)$$

Esta fórmula te permite dar valores a C y a la rentabilidad de la inversión r para calcular la suma final en el momento presente (a valor constante). Con esta fórmula puedes realizar simulaciones rápidas, aunque asume que las aportaciones son constantes y no diferencia entre rentabilidad de las inversiones e inflación. Es la llamada fórmula de la anualidad.

Fíjate que cuando hemos realizado anteriormente el cálculo de la pensión, hemos supuesto una rentabilidad también igual a la inversión, pero realizando aportaciones también actualizadas con la inflación.

Observamos pues que podemos considerar valores distintos para la rentabilidad y para la inflación. Esto nos permite plantear fórmulas que contemplen distintas casuísticas. Avanzaremos por este territorio de forma ordenada.

Los cuatro conceptos que se desarrollan a continuación son los más áridos del libro, pero me gustaría insistir en que su base matemática es sencilla. Las fórmulas resultantes pueden ser voluminosas, pero no son complicadas. Si lo deseas puedes pasar por encima los cálculos y tratar de centrarte en los conceptos. Al final se presenta un resumen de los cálculos y cómo utilizarlos.

Los conceptos son los de Perpetuidad, Anualidad, Perpetuidad creciente y Anualidad creciente.

13.2 PAGO PERPETUO O PERPETUIDAD.

Un pago perpetuo o perpetuidad es una cantidad que se paga de forma, por ejemplo, anual, para siempre. El que sea para siempre no significa que sea infinita. Entender este concepto es muy importante. Muchas personas que han invertido en perpetuidades no sabían lo que estaban comprando. Vamos a calcular su valor presente.

Imaginemos que recibimos un pago perpetuo de cantidad anual C. Imaginemos que el pago perpetuo conlleva una rentabilidad, o tipo de descuento r. Para saber el valor presente de ese pago, sumamos las anualidades actualizadas, esto es, calculamos el Valor Actualizado Neto, tal como hemos aprendido.

$$VAN = \frac{C}{(1+r)} + \frac{C}{(1+r)^2} + \frac{C}{(1+r)^3} + \cdots \quad \text{Y así sucesivamente.}$$

Para facilitar los cálculos, llamemos $\dfrac{C}{(1+r)} = a$ y $\dfrac{1}{(1+r)} = x$;

Entonces tenemos

$VAN = a(1 + x + x^2 + x^3 + \cdots)$; Si multiplicamos esta expresión por x tendremos:

$VANx = a(x + x^2 + x^3 + \cdots)$; Y restando estas dos expresiones, tendremos que:

$VAN(1 - x) = a$; Sencillo, ¿verdad? Si volvemos a sustituir los valores de a y x tendremos:

$$VAN(1 - \frac{1}{1+r}) = \frac{C}{1+r}; \text{ Reordenando, queda: } VAN = \frac{C}{r}$$

El VAN que hemos calculado es, por tanto, el valor presente resultante de recibir una cantidad C para siempre. Evidentemente, ese valor dependerá del valor de la rentabilidad r. Si por ejemplo, queremos realizar un pago anual a perpetuidad de 10.000€, con un tipo de interés del 5%, el valor presente de todos los futuros pagos será de:

$$VAN = \frac{10.000}{0,05} = 200.000$$, que es, consecuentemente, la cantidad

que hay que desembolsar para que produzca unos pagos anuales de 10.000€ al 5% de forma permanente. Visto desde este punto de vista es incluso intuitivo.

Un banco podría ofrecerte invertir en una perpetuidad. En el caso anterior, invertirías 200.000€ y obtendrías 10.000€ cada año para siempre. Esto implicaría un tipo de interés del 5%. El banco no te devolvería nunca el capital, pero tú sí que podrías vender tu perpetuidad en el mercado secundario si necesitaras liquidez (y si hay mercado en ese momento para ese producto), a otro tipo de interés, mayor o menor, de acuerdo con las condiciones del mercado en ese momento concreto. Esto se analizará más tarde, cuando estudiemos las inversiones en bonos.

Para que el pago se realice de forma perpetua, hace falta conseguir el tipo de interés determinado del mercado. Si el tipo fuera cero, el valor presente sería infinito. Se ve intuitivamente que habría que poner una cantidad de dinero infinita para producir pagos perpetuos al mismo valor constante a tiempo infinito. A estas alturas estarás pensando que efectivamente el pago perpetuo lo es para siempre, pero su valor disminuye debido a la inflación y llegará un momento, su valor será insignificante. El valor corriente siempre será el mismo, C, pero ese valor C, tendrá un valor a moneda constante inferior cada año.

Entonces nos podemos plantear cómo serían los cálculos para obtener un pago perpetuo creciente, por lo menos para poder mantener la moneda a su valor constante. Pero primero, y con el fin de facilitar el proceso de cálculo, vamos a introducir otro concepto, el de pago anual o anualidad. Este concepto es extremadamente útil para realizar multitud de cálculos financieros de forma fácil, como veremos a continuación.

¡Vete afilando el lápiz!

13.3 PAGO ANUAL O ANUALIDAD.

Una anualidad es un pago fijo anual durante un número limitado de años. Casos típicos de anualidades son el pago de la hipoteca o de un crédito al consumo. Normalmente vemos la anualidad como el pago de un crédito, pero también lo podemos ver como una fórmula de ahorro. Vamos ahorrando una cantidad fija durante una serie de años, y nos gustaría saber qué cantidad final podemos conseguir. Y además, nos gustaría calcular su valor presente, para saber de qué estamos hablando. Este cálculo te será de mucha utilidad, ¡así que pon atención!

Una vez que hemos calculado el valor de un pago perpetuo, es fácil conocer el valor presente de la anualidad (anualidad de varios años). Pongamos por ejemplo que queremos calcular el valor presente de una anualidad que paga una cantidad C durante 3 años. Lo podemos calcular pensando que el valor presente de unos pagos anuales durante tres años, es la diferencia (resta) entre un pago perpetuo y otro pago perpetuo igual pero que empieza tres años más tarde (al año cuarto). La diferencia entre los dos, será el valor de esos tres años.

Perpetuidad 1: del año 1 al infinito
Perpetuidad 2: del año 4 al infinito

Anualidad de tres años = Perpetuidad 1 – Perpetuidad 2

Como ya sabemos calcular perpetuidades, el valor presente de la perpetuidad 1 será:

$$VAN1 = \frac{C}{r}$$

La perpetuidad 2 es igual, pero como empieza tres años más tarde, hay que calcular su valor presente. Ya sabemos hacer eso, lo vimos en el primer capítulo. Simplemente hay que dividir por su factor de descuento correspondiente al número de años, es decir, por $(1 + r)^3$.

$$VAN2 = \frac{C}{r(1 + r)^3}$$

Es decir, que la diferencia entre las dos perpetuidades es:

$$VAN = C(\frac{1}{r} - \frac{1}{r(1+r)^3})$$

De forma genérica quedaría: $VAN = \frac{C}{r}(1 - \frac{1}{(1+r)^n})$

Que es el valor presente de una suma de pagos fija C, durante n años, a un tipo de interés compuesto r. ¡No te imaginas la de posibilidades que tiene esta fórmula!

La forma de calcular esta fórmula nos ayudará más adelante. Se podía haber calculado de otra forma, quizá más intuitiva, como suma de aportaciones, como vimos en el apartado 13.1.

Hemos visto hasta ahora que cuando calculamos el valor presente, el VAN, lo hacemos siempre utilizando el tipo de descuento correspondiente al tipo de interés que podemos alcanzar en el mercado.

Esto te puede plantear alguna duda ya que su interpretación puede parecer poco intuitiva. Por ejemplo, a mayor tipo de interés, menor valor presente. Si ahorramos una cantidad a un tipo determinado, a mayor tipo, menor cantidad inicial. Eso quiere decir, que hace falta menos cantidad inicial para alcanzar la misma cantidad final, ya que el tipo de interés es mayor. No significa que tienes menos dinero al principio (aunque en el caso de endeudarte, en vez de ahorrar, sí significa que lo que compras con ese préstamo tiene un menor valor actual, como ya vimos antes, y refleja el coste de los intereses financieros).

A continuación veremos una serie de ejemplos prácticos.

Ejemplo 1.

El pago de una hipoteca es un pago de anualidades. Por lo tanto, el valor actual de la suma de las anualidades, descontado al tipo de interés del préstamo, tiene que dar el valor de la inversión. Supongamos que pedimos a un banco 200.000€ para la compra de un inmueble. El tipo de interés es el 4%, y la duración son 25 años.

Entonces tendremos que:

$$200000 = \frac{C}{0,04}\left(1 - \frac{1}{(1+0,04)^{25}}\right)$$

Realizando la operación resulta C= 12.802€, que dividido entre doce mensualidades resulta en 1.067€ al mes (posteriormente veremos que hacer pagos mensuales modifica el tipo de interés).

Una vez que sabemos la cuota que hay que pagar cada año, podríamos calcular lo que vamos pagando de amortización y de intereses y de esta manera saber cuánto nos queda por amortizar.

Para el primer año, los intereses sería el 4% de 200.000e, es decir, 8.000€. Entonces, la diferencia entre lo pagado y los interese daría lugar al capital amortizado. Por lo tanto, 12.802-8.000=4.802€ es el capital amortizado en el primer año.

El segundo año, por lo tanto, el capital que debemos es 200.000-4.802= 195.198€. Los intereses que pagaremos ese año serán el 4%, es decir, 7.808€. La diferencia sobre la cuota sería la amortización correspondiente a ese año, es decir, 12.802-7.808=4.994€.

El tercer año, empezaríamos con un capital deudor de 195.198-4.994= 190.204€, y así sucesivamente. Todo esto lo puedes realizar con la ayuda de una hoja de cálculo.

Ejemplo 2.

La expresión anterior que hemos calculado podemos a su vez reinterpretarla teniendo en cuenta dos tipos de interés distintos: El de actualización al momento actual y el de inversión.

$$Suma = C\frac{(1+r)^n - 1}{r(1+r)^n}$$ Este es el valor actual.

Como ya habíamos visto, el valor futuro, antes de actualizarlo, es decir, dividirlo por $(1+r)^n$ es:

$$Suma = C\,\frac{(1+r)^n - 1}{r}$$ Es el valor futuro.

Esto corresponde a la suma en el futuro, al cabo de n años, de las aportaciones anuales C.

Ahora podemos traer al momento actual esa suma, para poder saber de cuanto se trata. Pero esta vez, la actualizaremos con la inflación i. Entonces nos queda:

$$Suma = C\,\frac{(1+r)^n - 1}{r(1+i)^n}$$ Que es la suma al final de n años, actualizada al

momento presente. Esto es, como ya habíamos introducido, el concepto de moneda constante.

Como ya vimos anteriormente, puedes sentir confusión por el hecho de que podamos actualizar el dinero utilizando el tipo de interés correspondiente a la inflación o el tipo correspondiente al rendimiento normal obtenible, siendo éste, en el caso de una empresa, muy elevado en ocasiones. Es un concepto sutil.

En una empresa, hay que realizar los cálculos con el tipo más alto posible, que corresponde a nuestra mejor opción de inversión, y así poder hacer comparaciones efectivas en el momento actual. En nuestros cálculos personales es mejor calcular el valor futuro correspondiente a una inversión específica, y descontarlo al momento presente utilizando el tipo correspondiente a la inflación, para poder compararlo con el valor del dinero hoy. En un caso se utiliza para comparar inversiones. En el otro para calcular ahorros.

Ejemplo 3:

Si ahorro 5.000€ todos los años durante 30 años, ¿Cuánto dinero acumularé?

Imaginemos que ahorramos a una tasa del 7%.

$$Suma = C\frac{(1+r)^n - 1}{r} = 5.000\frac{(1,07)^{30}}{0,07} = 543.732$$, es una buena

suma, sí señor.

En el momento actual, ¿a cuánto equivale ese dinero?

Lo actualizamos con el factor correspondiente a la inflación, que es del 3%, por tanto dividiendo por $(1,03)^{30}$, lo que resulta en 224.010€, sustancialmente menor. Esta cantidad es lo que significan 543.732€ a día de hoy, y corresponde a su poder adquisitivo en el momento actual (o al poder adquisitivo de 543.732€ dentro de 30 años).

Ejemplo 4:

Voy a adquirir un automóvil, y el concesionario me lo ofrece en modalidad de renting. El vehículo vale 15.000€. La oferta consiste en una cuota de 350€ al mes durante tres años, tras los cuales el valor residual del vehículo es de la mitad, 7.500€. Me pregunto a qué tipo de interés me están realizando esta oferta.

Te invito a que lo intentes calcular. Si lo haces sin método, posiblemente incurras en varios errores conceptuales, aproximaciones y confusiones. Inténtalo de todas formas, te servirá para valorar todo lo que estás aprendiendo.

La solución se puede plantear de la siguiente forma:

Realizaremos un planteamiento para comparar los pagos en el tiempo, de acuerdo con la fórmula del valor actualizado neto. Por lo tanto, el precio del vehículo debe ser igual a los pagos realizados durante los tres años más el valor residual, todo traído al momento del tiempo inicial. De esta forma:

$$15.000 = \frac{350x12}{1+i} + \frac{350x12}{(1+i)^2} + \frac{350x12}{(1+i)^3} + \frac{7.500}{(1+i)^3}$$

Aquí hemos realizado una aproximación, que es la de considerar los pagos mensuales como anuales en forma de 350x12=4.200€.

Consideraremos que los 4.200€ se pagan a final de año. Posteriormente analizaremos este hecho con más detalle.

Nos damos cuenta de que los tres primeros años, al ser las cuotas iguales, podemos utilizar la fórmula de la anualidad. Entonces la expresión quedaría:

$$15.000 = 4.200\frac{(1+i)^3 - 1}{i(1+i)^3} + \frac{7.500}{(1+i)^3}$$

Ahora podemos dar valores a la variable i, tipo de interés, para ver que sale (utiliza la función goalseek de la hoja de cálculo). En este caso, un 12%, bastante caro. Observa que aunque sólo disfrutas del coche tres años, durante ese periodo tienes que financiar su valor total.

13.4 ACLARACIÓN SOBRE LOS INTERVALOS DE INTERÉS COMPUESTO.

Anteriormente hemos explicado como un tipo de interés a cierto plazo de tiempo se transforma en otro distinto, cuando se consideran otros intervalos temporales. El caso concreto que hemos visto es el de una rentabilidad del 20% a cuatro años (revísalo en el capítulo 8).

$$10.000(1+r)^4 = 12.000 \ ;$$

$$(1+r)^4 = 1,2 \ ;$$

$r = \sqrt[4]{1,2} - 1 = 0,0466$ o el 4,66%, que es la rentabilidad anual, menor que el 5% que se podía esperar intuitivamente.

Lo mismo pasa cuando se realizan pagos o cobros mensuales, pero manejamos conceptos anuales. Si nos ofrecen un tipo de interés anual i pero pagadero de forma mensual, nos imponen un tipo de interés mensual que es $\dfrac{i}{12}$. Lo que ocurre, es que entonces, el tipo de interés anual cambia, y deja de ser i. Esto es mejor verlo con unos ejemplos.

Ejemplo 1.

Hemos calculado recientemente el caso de una hipoteca donde habíamos hallado que la anualidad a pagar era C= 12.802€, que dividido entre doce mensualidades resultaba en 1.067€ al mes.

El tipo de interés mensual, se calcula como hemos explicado antes. No es 0,04/12. Es $\sqrt[12]{1,04} - 1 = 0,00327$, tal como hemos averiguado anteriormente. El número es parecido, el concepto no.

Convertir pagos anuales en mensuales modifica las condiciones. Las condiciones actuales serían 300 meses en vez de 25 años y 0,00327 como tipo de interés mensual en vez de 0,04/12, lo que da un resultado nuevo de 1.055,67€ al mes de cuota.

Ejemplo 2.

Veamos un caso real, ocurrido en diciembre de 2013, cuando el tipo de interés oficial del dinero es del 0,5%. Acudimos a un conocido banco local a solicitar un crédito al consumo de 13.000€ destinado a la adquisición de un automóvil. El banco nos ofrece el crédito pagadero a 5 años, con cuotas mensuales de 280€. ¿A qué tipo de interés nos están ofreciendo el crédito?

Para averiguarlo utilizaremos la fórmula de la anualidad, pero en lugar de años pondremos 5 x 12 = 60 meses, y el tipo de interés obtenido entonces será el mensual. Luego lo convertiremos en anual.

Aplicando la fórmula, y con ayuda de una hoja de cálculo, obtenemos que el tipo de interés mensual es 0,0088. Ahora, tenemos que pasar a tipo anual, acuérdate que NO se calcula multiplicando por 12, sino elevando 1,0088 al factor 12, lo que nos da 1,11, lo que significa (restándole 1) un 11%. Buen negocio, sí señor.

Para pasar de interés anual a mensual, simplemente calcula la raíz 12 del tipo de interés sumado a 1 (un 3% sería 1,03). Al resultado, le restas el 1 (sería 1,0025, lo que daría 0,0025, o un 0,25% mensual). Para pasar de mensual a anual se hace lo contrario, elevarlo a 12.

Ejemplo 3.

Vamos a ver el caso primero explicado con más detalle. Imaginemos que vamos a pedir un crédito de 1.000€. El prestamista nos pide un 5% de interés anual, por lo que al final del año reembolsaremos 1.050€. Hasta aquí todo correcto.

El prestamista nos propone que realicemos reembolsos mensuales. Si al final del año tenemos que devolver 1.050€, al mes correspondería 1.050/12= 87,5€.

Evidentemente no es lo mismo devolver todo el dinero al final del año, que de forma mensual, anticipándolo. Si algo tenemos claro es que el dinero tiene distinto valor en el tiempo. Podemos preguntarnos si han cambiado las condiciones del acuerdo. ¿Cómo lo podemos analizar?

Lo primero es cambiar el intervalo. Antes manejábamos años, y ahora son meses. Si el prestamista nos pide reembolsar el capital y los intereses de forma mensual, significa que nos impone un tipo de interés del 5/12% mensual (la misma cantidad en 12 veces), que es mayor que el 5% anual, como ya sabemos.

Por lo tanto, el tipo de interés de esta operación será:

$$\left(1 + \frac{0,05}{12}\right)^{12} = 1,05116$$

Por lo que el tipo de interés equivalente será 0,0512 o del 5,12%. Al adelantar los pagos, lo que ocurre es que aumenta el tipo de interés anual equivalente. Lógico.

Ahora estaríamos en disposición de argumentar en contra del prestamista. Podríamos decir que estamos de acuerdo con pagar un 5% anual, pero si lo hacemos en pagos mensuales, debemos calcular el tipo de interés mensual. Esto se haría de la forma que ya conocemos, pero aplicada al mes, en vez de al año, de la siguiente forma:

$1.000(1 + i)^{12} = 1.050$ Esto implica un 5% anual. La i de la formula, es mensual.

Despejando la i saldría $i = \sqrt[12]{1,05} - 1 = 0,004$ 0 el 0,4%

Por lo tanto, 0,004 es el tipo de interés mensual que corresponde a una TAE del 5% anual (coge la calculadora y eleva 1,004 a 12. El resultado es 1,05 ¡todo cuadra!).

Entonces, argumentaríamos con el prestamista que el nuevo cálculo, para un 5% anual, pagadero de forma mensual, daría lugar a unas cuotas mensuales distintas. Este cálculo lo haríamos mediante la conocida fórmula de la anualidad, pero aplicada a los 12 meses de un año, con el tipo de interés mensual.

$$1.000 = C\,\frac{(1+0,004)^{12}-1}{0,004(1+0,004)^{12}}\;;\quad \text{despejando de aquí resultaría que}$$

C=85,52€.

El resultado final es que se paga 1.026,24€ frente a 1.050€, casi un 50% menos de intereses. Esta diferencia puede ser importante cuando los capitales son elevados.

No siempre merece la pena hilar tan fino. En esta vida es importante elegir las batallas, y evitar todas las que puedas. Pero es siempre importante tener los conceptos claros.

Entonces, a modo de resumen:

Normalmente nos hablarán de tipos de interés anuales. Esto implica pagos o cobros al final del periodo, esto es, al final del año. Pero si los pagos se realizan durante ese periodo, los cálculos son distintos.

A un tipo de interés anual definido, i y con pagos mensuales, dichos pagos serían i/12. Al hacer esto, el tipo de interés anual de la transacción cambia (nos imponen i/12 mensual). Hay que calcular el tipo de interés equivalente (en nuestro caso m=12):

$$(1+\frac{i}{m})^{m} = 1 + I;\ \text{Siendo I el tipo de interés anual final resultante, más}$$

elevado, e i el interés anual de partida. Si el periodo fuera de varios años, habría que multiplicar m por el número de años. Recuerda, si partimos de un interés anual i y lo pagamos mensualmente, el interés anual resultante será distinto, I.

Recíprocamente, si conociéramos una I (correspondiente al pago de los intereses al final del periodo), podemos calcular la i anual equivalente (correspondiente al pago de amortización e intereses mensuales) $i = m(\sqrt[m]{1+I}\,) - 1$, que será menos elevada, y que dará lugar a unas cuotas mensuales más reducidas, como hemos calculado antes.

A modo de curiosidad, podemos pensar que pasaría si en vez de realizar pagos mensuales, nos piden pagos semanales, o diarios, o cada hora… cada segundo. Si seguimos así, podemos calcular el tipo de interés continuo. Habría que calcular la ecuación cuando m se hace infinito, esto

es $\left(1+\dfrac{i}{\infty}\right)^{\infty}$

Resulta que esa expresión da lugar al conocido numero e que aparecía cuando estudiábamos los logaritmos neperianos en el colegio, por lo que quedaría e^{i} siendo e=2,718281.

Entonces, si tenemos un tipo de interés I, la expresión resultante sería:

$e^{i} = 1 + I$

¡Ya ves que cosas!

13.5 PAGO PERPETUO CRECIENTE O PERPETUIDAD CRECIENTE.

Ya que estamos metidos de lleno en el tema, vamos a realizar un cálculo parecido al del apartado anterior, pero esta vez suponiendo que el pago perpetuo va a ser creciente, por ejemplo, con la inflación. Esto te será muy útil si por ejemplo, quieres dejar como herencia una renta permanente para tus nietos, y además, actualizada cada año con el IPC. ¡Qué suerte tienen tus nietos!

Partiremos de la expresión utilizada para el cálculo del pago perpetuo normal, con la diferencia de que cada año, la nueva C es la anterior multiplicada por el tipo de interés correspondiente a la actualización, IPC u otro factor diferente que elijamos.

$$VAN = \frac{C}{(1+r)} + \frac{C(1+g)}{(1+r)^2} + \frac{C(1+g)^2}{(1+r)^3} + \cdots$$

Similarmente a como hicimos en el caso anterior, llamemos $\frac{C}{(1+r)} = a$ y $\frac{(1+g)}{(1+r)} = x$; Entonces tenemos

$VAN = a(1 + x + x^2 + x^3 + \cdots)$; Esto es una progresión geométrica infinita decreciente, cuya suma, como ya vimos, es:

$$VAN = \frac{C}{r-g} \qquad \text{Sencillo, ¿verdad?}$$

Volviendo al caso de tus nietos, imaginemos que quieres dejarles en herencia una perpetuidad de 50.000€. Quieres que esta cantidad se actualice un 2% anual. Para ello, debes invertir una capital de forma que obtenga un rendimiento r mayor que g. Dependiendo de los valores g y r, el capital (que hemos calculado como VAN) será distinto. Imaginemos que podemos invertir ese capital a un 6%, por ejemplo en el mercado de valores. Entonces tendremos:

$$VAN = \frac{50.000}{0,06 - 0,02} = 1.250.000$$

Esto es lo que te costará, o sea que ya puedes ir ahorrando.

Un cálculo parecido a éste es que debió hacer Alfred Nobel para instaurar sus famosos premios a perpetuidad.

Observamos que al aumentar la diferencia r-g, la cantidad a poner es menor. Si en cambio no conseguimos superar la tasa de actualización y r=g, habría que poner una cantidad infinita de dinero. La rentabilidad debe superar a la actualización, obviamente.

Esta fórmula, en principio, no admite valores de g mayores que r, ya que la progresión geométrica no sería decreciente y por lo tanto su suma sería infinita.

13.6 PAGO ANUAL CRECIENTE O ANUALIDAD CRECIENTE.

Y ya casi para acabar, tal y como hicimos en el caso anterior, calcularemos lo mismo pero para una serie de años definidos. Similarmente lo haremos como diferencias de pagos perpetuos, el mismo concepto utilizado antes.

Perpetuidad creciente 1: empieza el año 1 con un capital C y se incrementa anualmente en (1+g). Su VAN será:

$$VAN1 = \frac{C}{r-g}$$

Perpetuidad creciente 2: empieza en el año 4, con un capital $C(1+g)^3$ y se incrementa igual que en el caso anterior. Su VAN será (en el año 1):

$$VAN2 = \frac{C(1+g)^3}{(r-g)(1+r)^3}$$

Hemos dividido por $(1+r)^3$ para traerlo al momento actual.

Por tanto, la diferencia, que será el VAN de la anualidad de los años 1 al 3, es:

$$VAN = C(\frac{1}{r-g} - \frac{1}{r-g}\frac{(1+g)^3}{(1+r)^3})$$

Esto lo podemos generalizar para el número n de años que queramos. Simplificando y agrupando tenemos:

$$VAN = \frac{C}{r-g}(1-(\frac{1+g}{1+r})^n)$$

De esta forma, podemos calcular el coste de pagar un capital C actualizado cada año con el factor g, y a un tipo de interés r.

Igual que en el caso anterior, esta fórmula, a priori, no admite valores de g mayores que r, ya que la progresión geométrica no sería decreciente y por lo tanto su suma sería infinita.

Podrías preguntarte entonces como calcular una anualidad creciente para valores de g mayores de r. Este sería el caso de realizar aportaciones anuales, actualizadas por el IPC y a su vez invertidas en el mercado de valores. Este caso lo veremos en breve, después de realizar algunas aclaraciones.

Pero primero vamos a ver una aplicación práctica de esta fórmula. Muchas veces nos preguntamos cuál es el coste de alquilar una vivienda. Si no tenemos conocimientos financieros, podemos vernos tentados a sumar los alquileres a lo largo de los años, y luego comparar esa suma con lo que nos costaría comprar la vivienda o con otra posible inversión.

En vez de eso, podemos emplear directamente la fórmula que hemos desarrollado. C sería el alquiler del primer año, g el aumento anual del alquiler, n el número de años y r el tipo de descuento. Aquí nos vamos a encontrar con el dilema de siempre: el valor que tenemos que elegir para r.

Lo primero que nos puede venir a la cabeza es pensar que el tipo de descuento aplicable será la inflación, ya que es el rendimiento máximo que podemos conseguir sin riesgo en el mercado. Imaginemos entonces que r=0,02 pero que el incremento del alquiler de los pisos es algo mayor, g=0,03 (esto puedes encontrarlo en las estadísticas del INE, Instituto Nacional de Estadística, que está en Internet). Si n=20 y el precio del alquiler mensual c=1.000, el valor actual nos daría 258.553,3€.

Si en cambio, r=0,01 y g=0,03, el valor saldría 288.113,1€ mayor ya que el precio del alquiler crece ahora más que antes. En el caso de g=0,01 y r=0,03 el valor sería de 194.646,2€, menor, ya que la inflación aumenta más que la revalorización del alquiler.

Podemos pensar cuál sería su valor constante, si el precio del alquiler sube igual que la inflación. La fórmula no funciona en este caso, ya que resta dos infinitos, pero sabemos por lo estudiado anteriormente que este caso es simplemente la suma de valores a moneda constante, es decir,

12.000 x 20 = 240.000€. Si g es mayor que r, subirá por encima de ese precio, y a la inversa.

13.7 Convenciones, formas de contar y un poco de humor

Posiblemente hayas observado que al considerar el valor del dinero en el tiempo hay que ser cuidadoso con el momento origen del tiempo y los momentos en los que se realizan los pagos o cobros. El cálculo matemático, además, se hace más o menos fácil de acuerdo con la consideración de esos momentos.

Lo primero de todo, es considerar el origen de tiempos. Le llamaremos tiempo cero, ya que todavía no ha empezado nada. El final del tiempo, es el final del último año. Esto es importante, ya que tenemos n años, pero cada año tiene su duración, y pueden entrar dudas sobre si el momento de aportar o cobrar el dinero es al principio del año, al final o en medio. La expresión de las fórmulas cambia. Así que observamos que en n años, hay n periodos, pero n+1 momentos temporales a considerar, el final de cada año n más el momento original, cero.

Lo del momento cero tiene miga. Al contar cosas en la vida, cuando algo existe, se le asigna el valor uno. El cero significa la no existencia. No existen las cosas cero. A veces usamos la expresión "ya desde el minuto cero..." pues no, se trata del minuto uno. El momento sí es cero, ya que un momento... no existe, es un punto singular, en nuestro caso. Otra cosa sería una sucesión de momentos con duración, o de intervalos, el primero sería el momento uno.

El primer año de nuestra era fue el año 1, del primer decenio, del primer siglo, del primer milenio. Todo empieza por uno. El año anterior fue el año... menos uno. El año cero no existe, como bien indica su número. Podría decirse que entre el año uno y menos uno existe el momento cero, que no dura nada, el origen del tiempo. De esto, el que más sabe es Stephen Hawking.

Las decenas y centenas empiezan por uno, ya que el uno es lo primero que se cuenta. El primer año de un siglo, tiene un uno en su cifra ordinal. El primer año de nuestro siglo fue el 2001, no el 2000, que fue el último año del siglo veinte (fue inaguantable ver las celebraciones del nuevo siglo en el año 2000), lo mismo que la primera decena va del 1 al 10, y la segunda empieza con el 11.

Esto confunde a mucha gente. Por ejemplo, si me tengo que comer diez manzanas, cuando me he comido la mitad de la primera, me estoy comiendo la manzana uno. Pero he comido cero manzanas enteras. A la pregunta ¿Cuántas te has comido hasta el momento? La respuesta sería cero. ¿Por qué manzana vas? Por la uno. Lo erróneo sería decir que voy por manzana cero, ya que la manzana cero no existe, como todo lo cero.

Un niño en el primer año de su vida, el año uno, tiene meses, esto es, cero años cumplidos. Cualquier persona de x años, está viviendo el año x+1 de su vida.

Observa cómo se cuentan los siglos. El siglo diecisiete, por ejemplo, está compuesto por los años 16XX desde el 1601 en adelante, hasta el 1700 inclusive, y así todos. Esto es así porque el siglo indica el número de siglo que está transcurriendo, no el número de siglos completos acumulados hasta el momento. Cuando me estoy comiendo la manzana x+1, llevo x manzanas acumuladas.

Alguien podría decir que ha visto un coche con la matrícula 0000. Efectivamente, ese es un número asignado a la primera matrícula, la matrícula uno, de 10.000 que se pueden componer con cuatro dígitos. Si a la matrícula uno se le asignase la combinación 0001, solo podrían componerse 9999 matrículas. Pero la matrícula 0000 es la uno, no la cero, y la 9999 es la matrícula 10000. El primero siempre es el número uno.

Esto tiene implicaciones en nuestra forma de realizar los cálculos. Son implicaciones simples, pero afectan a la forma de realizar dichos cálculos y a la expresión final de las fórmulas que se obtienen.

Observa, que cuando hablamos de obtener rendimientos al realizar una inversión, consideramos que el capital se aporta en el primer día del primer año, es decir, en el momento cero, y de esta forma, tenemos todo el año para producir intereses $(1+r)$.

En cambio, cuando hemos realizado los cálculos de perpetuidades y anualidades, hemos considerado que los pagos se realizan a final de cada año.

Conceptualmente no hay ningún problema, es incluso intuitivo. Pero al realizar los cálculos del VAN y traer el valor al momento cero, observamos que en el caso de inversión, el valor del capital sería C, ya que lo hemos aportado en ese momento, mientras que en el caso de la anualidad sería $C/(1+r)$, ya que la anualidad o perpetuidad se computa a final del año.

La consecuencia de todo esto, es que aunque la forma de calcular y las fórmulas sean válidas para los dos casos, obtendremos fórmulas distintas para cada caso. Esto en la práctica no tiene importancia, pero ya que este libro trata de aclarar conceptos merece la pena considerarlo.

Veámoslo realizando los cálculos que habíamos pospuesto, del caso de anualidad creciente cuando g, es decir, los rendimientos obtenidos son mayores que la inflación.

13.8 INVERSIÓN ANUALIZADA CRECIENTE

Estudiemos un caso genérico en el que vamos a realizar unas aportaciones anuales durante n años que nos proporcionen un rendimiento medio anual de g, por ejemplo, invirtiendo en el mercado de valores, y a su vez, actualizando la aportación anual por el factor del IPC.

Por lo tanto, el primer año, en el momento cero, aportaríamos la cantidad C, la cual produciría al final de n años un capital $C(1+g)^n$.

El segundo año realizaríamos también una aportación C, pero actualizado con el IPC, es decir, que tendremos al final de los n años la cantidad de $C(1+r)(1+g)^{n-1}$ ya que esta aportación ha estado invertida durante n-1 años.

Así seguiríamos sucesivamente, hasta llegar al último año, en el que la aportación será $C(1+r)^{n-1}$ y será invertida un año al interés g, por lo que producirá $C(1+r)^{n-1}(1+g)$

Para calcular ese capital acumulado ya solo queda sumar los términos. Obtendríamos la suma en el tiempo n. Pero esa suma no es fácil de realizar. Tenemos que jugar con las expresiones matemáticas a ver como lo podemos hacer más fácil.

Podemos pensar lo siguiente: en vez de sumarlo a tiempo n, vamos a sumarlo a tiempo cero. Para ello, vamos a actualizar cada sumando a tiempo cero dividiéndolo por el factor del IPC correspondiente a su año.

Entonces nos quedaría que el primer sumando se nos transforma en

$$C\frac{(1+g)^n}{(1+r)^n}$$

El segundo sumando se transforma en $C\dfrac{(1+g)^{n-1}}{(1+r)^{n-1}}$ y así sucesivamente.

El último sumando, se transformaría en $C\dfrac{(1+g)}{(1+r)}$

Observamos que esta serie de sumando es una progresión geométrica, y ya sabemos sumarla, como hemos hecho anteriormente (puedes calcularlo tú mismo).

La suma de esta progresión es $C\dfrac{1+g}{g-r}\left(\dfrac{(1+g)^n}{(1+r)^n}-1\right)$

Podemos ver que la fórmula que hemos obtenido no es nueva, es la misma fórmula de la Anualidad Creciente. Matemáticamente es igual realizar un pago anual creciente cuyo factor de crecimiento es g, con una inflación r, que realizar una inversión anual actualizada con la inflación r e invertida a un tipo de interés g.

Podemos cambiar de orden sus miembros sin cambiar la fórmula, y obtendríamos:

$$C\dfrac{1+g}{r-g}\left[1-\dfrac{(1+g)^n}{(1+r)^n}\right]$$

Es la misma fórmula que la que ya obtuvimos para la anualidad creciente, con la diferencia de que aparece un término adicional, $(1+g)$ que lo multiplica todo. Esto es debido al distinto momento en que consideramos que se realizan las aportaciones. En todos los cálculos que hemos ido realizando, hemos asumido que en los casos de inversión, las aportaciones se hacen al comienzo de cada año.

En cambio, en los casos de cobro, hemos supuesto que se cobra al final de cada año. Es simplemente una convención para el cálculo. Lógicamente las matemáticas son inflexibles, por lo que si hemos contado en un caso un año más que en otro, esa diferencia tiene que aparecer.

13.9 Resumen y utilización de las fórmulas.

Cuando realicemos nuestras inversiones, nos encontraremos con dos variables principales, la inflación r y el rendimiento de nuestra inversión, g, además del número de años de inversión, n. Podemos encontrarnos con cinco escenarios posibles:

Caso 1. Si invirtiéramos a tipo cero, que es el caso de guardar nuestro dinero en una caja fuerte o en una cuenta corriente no remunerada, nos encontraríamos con un capital acumulado al cabo de n años igual a lo ahorrado cada año. Si esta cantidad anual la denominamos C, lo acumulado sería nxC. Este dinero acumulado, tendría un valor hoy de

$$Suma = \frac{nC}{(1+r)^n}$$

Caso 2. Si invertimos una cantidad de dinero C anualmente, a un tipo de interés r igual a la inflación, su Valor Actualizado será el indicado por la fórmula de la anualidad:

$$Suma = C\frac{(1+r)^n - 1}{r(1+r)^n} = \frac{C}{r}\left[1 - \frac{1}{(1+r)^n}\right]$$ Fórmula de la anualidad.

Caso 3. Si en cambio, lo invertimos a un tipo de interés mayor g, su valor actualizado será:

$$Suma = C\frac{(1+g)^n - 1}{g(1+r)^n}$$

Caso 4. Si hacemos esto último pero actualizando cada año la aportación con el IPC, tendremos:

$$Suma = \frac{C}{r-g}\left[1 - \frac{(1+g)^n}{(1+r)^n}\right]$$ Fórmula de la anualidad creciente.

Vemos que si g=0, la fórmula se convierte en la de anualidad.

Caso 5. Si invertimos C a un interés r pero incrementando C todos los años con la inflación, también r, el VAN será C multiplicado por el número de años n, es decir, Suma = nxC.

Como ejemplo, si r=3% y g=6%, y n=20 años, para el primer caso obtendríamos 11C, 14,8C para el segundo, 20,3C para el tercero, 25,8C para el cuarto, y 20C para el quinto. Puedes observar que en el último caso mantienes exactamente lo que has puesto en moneda constante, mientras que en el primero y segundo la cifra sale menor que la suma de las aportaciones a moneda corriente, ya que las aportaciones no están actualizadas con la inflación.

Como puedes ver, la diferencia entre el peor y el mejor de los escenarios es de casi tres veces más dinero ahorrado. Si nos ponemos como objetivo disponer de un capital acumulado de 150.000€ a moneda constante (de ahora) para nuestra jubilación, podemos conseguirlo ahorrando 6.000€ durante 20 años para el mejor caso, o ahorrando más de 13.000€ para el peor. De aquí la necesidad de realizar una buena planificación financiera.

En la práctica, podemos utilizar para nuestros cálculos la fórmula

$$Suma = \frac{C}{r-g}\left[1-\frac{(1+g)^n}{(1+r)^n}\right]$$

ya que es la más general (inversión anualizada creciente). Recordemos que esta fórmula implica realizar aportaciones anuales actualizadas con la inflación, y obtener rentabilidades anuales g. Si g=0, la fórmula se convierte en la de la anualidad.

Una vez concluida la fase de ahorro y obtenida la cifra Suma, podemos pensar en tres escenarios para cobrar las percepciones:

Caso 1. Ir gastando lo ahorrado sin invertirlo, que sería el caso de mantenerlo en una caja fuerte o en una cuenta sin remuneración.

En este caso podríamos recibir cada año una pensión P, durante m años, hasta que Pxm=Suma, pero teniendo en cuenta que la P calculada de esta manera no va a estar actualizada con la inflación. Por lo tanto, la pensión P anual valdrá cada año menos, como ya sabemos.

También podría interpretarse este caso calculando la Suma al final del periodo, que será la misma cifra ya que no está produciendo rendimientos, y actualizarla al momento actual. Entonces quedaría que:

$$\frac{Suma}{(1+r)^m} = Pm$$. En este caso, la P si aumentaría con la inflación, pero obviamente sería una P más pequeña. La cantidad final sería la misma.

Caso 2. Realizar una inversión conservadora cercana a la inflación, con poco riesgo. De esta forma, la pensión sería como en el caso anterior, pero con la P actualizada cada año con la inflación, esto es, manteniendo el nivel adquisitivo. Podemos gestionarnos el dinero nosotros mismos, o comprar un seguro de renta vitalicia lo cual nos aporta la tranquilidad de cobrarlo para siempre aunque se pierda algo de rentabilidad.

Caso 3. Realizar una inversión más agresiva, a un tipo de interés mayor g, pero con también mayor riesgo. Esto suele desaconsejarse una vez llegado a esta etapa, pero si se ha desarrollado la suficiente cultura financiera, se puede pretender conseguir de forma realista unos rendimientos g algo superiores a la inflación con un riesgo contenido.

De esta manera, las rentas P correspondientes a Suma=Pxm habría que igualarlas a la Suma ahorrada hasta el momento de la jubilación, pero que siguen siendo produciendo rentabilidades g. De esta forma, el nuevo capital acumulado en el momento de la jubilación sería:

$$Suma \frac{(1+g)^m}{(1+r)^m} = Pm$$

Es decir, la cifra Suma sigue aumentando al estar invertida a g, y para calcular su valor actual se la divide por el factor de actualización. Obviamente, si g=r el caso se transforma en el segundo.

Podemos realizar una simulación y ver los resultados de ahorrar durante treinta años y cobrar la pensión durante quince. Podemos tomar como referencia la fila donde g y r son iguales al 3%. Esto indica que ahorramos a la rentabilidad de la inflación, y por lo tanto ni ganamos ni perdemos poder de compra por lo que la pensión a obtener será obviamente, según lo que ya hemos estudiado, el doble de la que hemos aportado. El doble se debe simplemente a que se percibe durante la mitad de años. La variable P2 nos da la pensión en el caso de seguir invirtiendo durante la jubilación a una rentabilidad g, mientras que la P1 nos da la pensión si al llegar a la jubilación mantenemos el ahorro invertido a la rentabilidad de la inflación.

Por ejemplo, si invertimos a g=0,06 y la inflación es 0,03, la pensión P1 será unas tres veces lo aportado, mientras que si lo seguimos manteniendo después de la jubilación la pensión P2 será de 4,6 veces. Si hemos ahorrado 5.000€ al año, podremos recibir 15.000€ anualmente en un caso y 23.000€ en el otro. En el caso de g=0,07 el resultado de seguir invirtiendo en la jubilación casi se duplica. De aquí la importancia de desarrollar una cultura financiera que nos permita gestionar nuestras inversiones una vez alcanzada esa fase de nuestra vida. En su defecto, podríamos llegar a perder poder de compra, como puede verse en los casos de g menor del 3%.

Es importante observar que si ahorramos de forma constante, conseguir un rendimiento del orden de un 4% anual superior a la inflación produce resultados finales muy altos. No se requieren revalorizaciones anuales demasiado elevadas.

Los valores VAN, P1 y P2 reflejados en la tabla siguiente son por euro ahorrado. Si se ahorrara por ejemplo 10.000 euros al año, habría que multiplicar el resultado (VAN, P1, P2) por este valor. Como ya sabemos, todas las cifras manejadas son a moneda constante.

g	r	n	VAN	P1	P2
0	0,03	30	19,60	1,31	0,84
0,01	0,03	30	22,24	1,48	1,10
0,02	0,03	30	25,37	1,69	1,46
0,03	0,03	30	30,00	2,00	2,00
0,04	0,03	30	33,62	2,24	2,59
0,05	0,03	30	39,03	2,60	3,47
0,06	0,03	30	45,54	3,04	4,67
0,07	0,03	30	53,40	3,56	6,30
0,08	0,03	30	62,91	4,19	8,54
0,09	0,03	30	74,44	4,96	11,60

Figura 1. Resultados del ahorro en el tiempo.

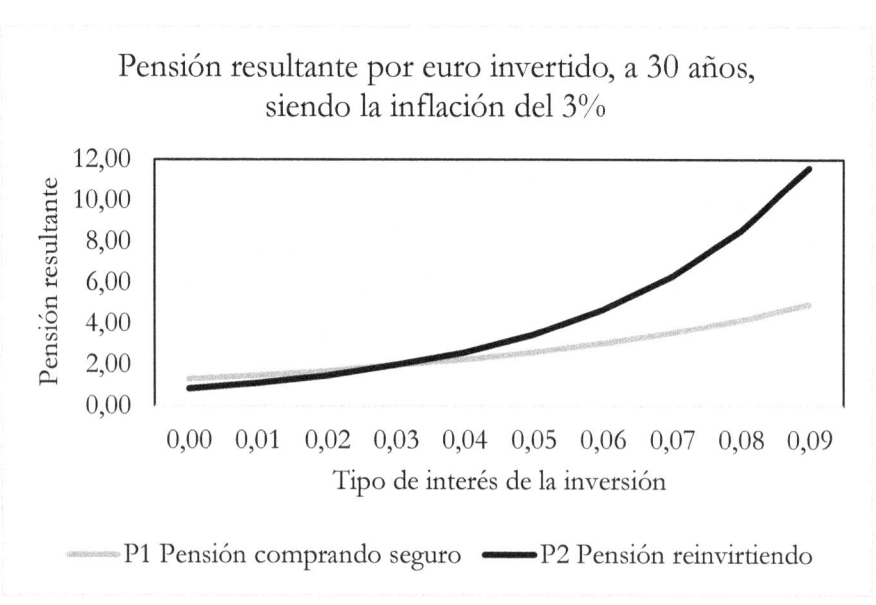

Figura 2. Pensión resultante.

Una gráfica nos ayudará a visualizar estos datos. Recordemos que el caso esta simulado a 30 años, con una inflación del 3%. La pensión resultante es por euro ahorrado anualmente durante 30 años.

Si invertimos al 0,3, igual a la inflación, el resultado es 2, el doble de lo invertido, ya que no ganamos nada (la inflación lo erosiona) y disfrutamos de nuestro dinero la mitad de tiempo del periodo de ahorro (15 años frente a 30).

A partir de este punto, la pensión obtenida reinvirtiendo, P2, aumenta frente a la conseguida comprando un seguro de renta vitalicia al índice de inflación, P1, mientras invirtamos por encima de ella. Los resultados pueden ser muy distintos, del orden del doble.

13.10 CASO PRÁCTICO.

Hemos visto cómo podemos ir generando cierto ahorro a lo largo de nuestras vidas para complementar nuestra pensión. Llegado el momento, con el capital generado, podemos acercarnos a una entidad bancaria o a una aseguradora para, por ejemplo, comprar un seguro de renta vitalicia. Este tipo de seguros garantiza una renta mensual de por vida, lo cual lo hace muy atractivo para un pensionista o jubilado.

Si miras en las ofertas que hay en el mercado puedes encontrar una como esta: una persona de 50 años posee un capital de 300.000€. El banco le propone un seguro de renta vitalicia por la que le da un interés del 3% anual, una renta de 600€ mensuales para siempre, y el cobro del capital de 300.000€ a sus herederos cuando fallezca. Suena razonable. ¿Cómo saber si éste es un buen negocio?

La solución es fácil después de haber leído este libro. Sólo tenemos que sumar en moneda constante lo que nos devolverá el banco y comprobar si es igual a lo que le entregamos en su día, teniendo en cuenta que el banco tiene que ganar algo, lógicamente.

Aportación=rentas vitalicias+cobro capital final

El banco realizará un estudio teniendo en cuenta la vida media de una persona, que se establece en 80 años. Por lo tanto, el periodo a contabilizar es la diferencia, esto es, 30 años (ejemplo para este caso).

El banco nos garantiza un interés del 3%, que es prácticamente la inflación, por lo que utilizaremos la fórmula de la anualidad para sumar las rentas vitalicias en moneda constante.

$$Suma = C\frac{(1+r)^n - 1}{r(1+r)^n} = 136.800 \quad \text{siendo C=600€ x 12, y r=0,03}$$

Ahora hay que sumar el pago final de 300.000€ actualizado al momento actual, es decir, dividido por 1,03 elevado a 30 años. Esto da 123.596€

Sumando los dos términos tendremos 260.396€. Efectivamente, algo ha ganado el banco, ya que nos devuelve casi 40.000€ menos de lo que le hemos entregado. Quizá sería mejor no comprar el seguro y realizar una gestión propia de la inversión. Puedes plantear tú mismo la ecuación y despejar la C para ver cuál debería de ser la cantidad que resulta.

Otra forma de verlo sería la siguiente: 300.000€ al 3% anual son 9.000€ al año, que dividido entre 12 sale una renta aproximada de 750€ al mes (atención a los pagos mensuales con tipo de interés anuales), más que los 600€ que nos ofrecen. Al final de los 30 años, nos devolverían los 300.000 de capital.

Pero todo esto tiene truco. Se está obviando que la renta vitalicia y el capital final son en moneda corriente, no en moneda constante. Los 600€ mensuales y el capital final tienen otro valor muy distinto en moneda constante. En el último año, los 600€ tienen un valor en moneda constante de 247€, lo cual es una renta mucho más baja de lo que crees cuando compras el seguro.

Por ello, es necesario negociar las rentas vitalicias actualizadas con la inflación. Este cálculo ya lo hemos hecho en el capítulo correspondiente y el resultado que nos daba era el capital inicial dividido por los años de esperanza de vida. El caso más normal es de los 65 a los 80, quince años. Es decir, una renta vitalicia a partir de los 60 años implica aportar quince veces el capital a recibir, eso sí, en moneda constante y sin recuperar ningún capital al final del período. Si quieres recibir 10.000€ anuales, actualizados con la inflación, de forma vitalicia desde los 60 años, hay que ahorrar 15 x 10.000€ = 150.000€, cantidad mínima teórica que no incluye el beneficio del banco. Dicho de otro modo, lo que consigas ahorrar hasta los 65 años, dividido por 15, será la renta máxima que puedas conseguir comprando un seguro de renta vitalicia.

Todo esto puede parecerte muy lejano, pero en muchos países es frecuente que un asesor financiero introduzca en estos razonamientos a los jóvenes que acceden al mercado laboral, ya que parte de su pensión la generarán ellos mismos, tendencia que parece extenderse a Europa. Bien planificado, no resulta difícil generar ese ahorro durante treinta o cuarenta años de vida laboral. Con las herramientas que hemos visto puedes ir haciendo tus cálculos.

14 INVERTIR EN VIVIENDA.

La inversión en vivienda es con mucho la decisión financiera más importante que realizamos los ciudadanos. Hay que tener múltiples factores en cuenta, como son precio, situación, calidad, tamaño. Las necesidades actuales y las futuras serán también distintas. Si compramos una casa grande desde el principio, tendremos que afrontar mayores gastos financieros, pero quizá merezca la pena el esfuerzo. No se pueden dar consejos generales en estos casos.

Pero lo que es muy importante es ser lo suficientemente conservador para poder afrontar el gasto en el que incurramos, garantizando que nuestro salario lo permita. Una regla tradicional ha sido dedicar un tercio del salario para el pago de la vivienda, regla que se ha roto en los últimos años con resultados sociales catastróficos.

Conozco el caso de una persona, inteligente y formada, que había pedido un crédito hipotecario en moneda extranjera, concretamente en yenes, debido al bajo tipo de interés que presentaba. Todo ello, con el asesoramiento de su banco. En pocos años, el yen se ha apreciado contra el euro, y esta persona se encuentra debiendo ahora casi un 50% más de lo que le costó el piso.

Es verdad que visto a posteriori, todos los casos son fáciles, pero analicemos este escenario con un poco de detalle para entenderlo mejor. Quisiera insistir que las decisiones en economía no son difíciles, pero lo abstracto y desconocido de este mundo nos confunde en muchas ocasiones.

En primer lugar, hay que entender que no deben mezclarse dos herramientas financieras como son el crédito hipotecario y el cambio de divisas. Si te ofrecen una hipoteca en otra divisa, lo están mezclando, y tú como ciudadano, no vas a poder deshacerlo después, si los acontecimientos no se desarrollan como lo tenías previsto. Si realmente lo quieres, puedes aprovecharte de las ventajas de las dos herramientas por separado. Puedes pedir una hipoteca normal en tu moneda, para asegurar el tipo de cambio. Piensa que esta herramienta, el seguro de cambio, se usa profusamente en operaciones internacionales. Las empresas, en sus intercambios comerciales, aseguran un tipo de cambio para una fecha en concreto, cuando se va a realizar la transacción. ¡Para que ibas tú a renunciar al seguro de cambio! Realizar pagos durante veinte o treinta años que dura una hipoteca, sin seguro de cambio, es financieramente un absoluto despropósito.

Una vez asegurado esto, puedes dedicarte a especular en el mercado Forex, que es donde se realizan las transacciones de cambios de divisa. Pero recuerda, tú no eres un profesional de los mercados financieros, ¿para qué vas a especular en el Forex? Lo más normal es que pierdas dinero. Y mezclar las dos cosas, insisto, es absurdo.

En segundo lugar, hay que tener en cuenta que los chollos no existen, aunque sí las transacciones ventajosas. Comprar una moneda que proporciona un tipo de interés mayor, o endeudarse en otra que pide un interés menor, suena demasiado fácil y bonito. Los productos que se compran y venden en el libre mercado tienden al equilibrio al que obligan las fuerzas de oferta y demanda. Beneficiarse de forma constante de un tipo de interés entre divisas suena a desequilibrio, y los mercados no lo suelen permitir.

Veámoslo con un ejemplo. Imaginemos que el tipo de cambio actual entre el euro y el yen es de 1€=1,2Y. Imaginemos también, que el euro está dando un tipo de interés del 3%, y el yen un 1%. De acuerdo con lo que hemos visto, parece ventajoso vender nuestros yenes y comprar euros, ya que al final del año tendremos ganancias mayores debidas al 3% del euro, mayor que el 1% del yen.

Es decir, que si tengo euros, a final del año tendré 1,03€. Si tengo la misma cantidad en yenes, tendré 1,2x(1,01)=1,21 yenes. Pero este valor final, si las dos monedas reflejan una actividad económica estable, debe ser el mismo, debido a que los mercados siempre buscan el equilibrio. Esto es así ya que una divisa tiene un valor respaldado por la competitividad de su economía. Si se genera más masa monetaria sin incrementar su economía, la unidad monetaria vale menos.

Por lo tanto: 1,03€=1,21Y, y despejando resulta que 1€=1,18Y, es decir, que el euro previsiblemente se depreciará frente al yen para estar en equilibrio. Por lo tanto, la ganancia esperada es nula, lo que obtenemos intereses lo perdemos por depreciación de la moneda. El chollo no existe, aunque la ventaja puntual puede existir. Aprovechar esta ventaja es lo que en economía refleja el concepto de arbitraje.

Y en tercer lugar, hay que atender a los ciclos económicos. Las fluctuaciones suceden. A veces una moneda sigue un ciclo ascendente que puede durar años y luego decrecer. Hemos pasado recientemente una fase en que históricamente el euro se ha encontrado en máximos frente al yen. ¿Qué es lo que previsiblemente podría pasar? Lo esperable es que una vez alcanzado el máximo se vuelva a estabilizar el tipo de cambio, es decir que el yen recupere posiciones incrementando su valor. Entonces, ¿Qué sentido tiene endeudarse en una moneda que va a aumentar su valor? En este caso, deberemos más, que es lo que de hecho sucedió. Lo que habría que hacer es exactamente lo contrario, comprar una moneda que previsiblemente va a apreciarse, no endeudarse en ella.

¿Cuáles son las razones para que una persona inteligente y formada pueda ignorar estas circunstancias? Básicamente, la falta de una cultura financiera (era demasiado joven para entenderlo, comentaba el afectado). Este libro pretende desarrollar esa cultura en lo posible.

14.1 ¿COMPRAR O ALQUILAR?

Si las cosas no están claras, siempre podemos optar por el alquiler. Tradicionalmente esto se ha visto como "tirar el dinero", pero ésta es una idea errónea. En ocasiones se puede perder más pagando los intereses del préstamo.

Muchas veces se aborda este tema sumando y restando intereses frente a alquileres. Pero tú ahora estás en disposición de realizar un análisis financiero más elaborado, y más certero, como se desarrolla a continuación. Realizaremos un cálculo para comparar qué es mejor, comprar o alquiler. Lo haremos utilizando las herramientas que hemos ido desarrollando en los anteriores capítulos. Básicamente, vamos a comparar el valor de las dos decisiones financieras, alquilar o comprar, y veremos cuál es la más ventajosa financieramente.

Primero plantearemos la expresión para calcular en VAN de compra, y el de alquiler, que luego serán comparados.

VAN de alquiler:

Para poder expresarlo hay que considerar que su valor va a depender de incremento anual de la tarifa de alquiler, del número de años y de la tasa de descuento. La expresión que lo define VANa es, utilizando la fórmula vista anteriormente, de anualidad creciente:

$$VANa = \frac{TA}{r-g}\left[1 - \frac{(1+g)^n}{(1+r)^n}\right]$$

Siendo TA la tarifa de alquiler, g el incremento anual de la tarifa y r el tipo de descuento.

VAN de compra:

Para calcularlo, simplemente hay que restar al valor futuro del inmueble, actualizado, su valor de adquisición. Evidentemente, hay que tener en cuenta el factor de revalorización del inmueble. Quedaría:

$$VANc = -PC + PC\frac{(1+g)^n}{(1+r)^n}$$

El primer término, PC, es lo que nos cuesta la vivienda (en negativo, ya que es dinero que gastamos). El segundo lo que vale en cada momento del tiempo, lo que ganaríamos. La diferencia es la ganancia neta.

Podemos simplificar los cálculos asumiendo que tanto para compra como para alquiler, las revalorizaciones van a ser muy parecidas. Es decir, la variable g en las dos expresiones será la misma.

Vamos a plantear la ecuación de forma que restemos VANc menos VANa y el resultado sea mayor que cero. De esta forma el valor actualizado de compra es mayor que el valor actualizado de alquiler, lo cual significa que comprar es ventajoso. El VANc de la compra, puede resultar positivo o negativo, de acuerdo con las variables g y r. El VANa de alquiler, siempre resultará negativo, ya que es flujo de dinero que sale, siempre es un gasto. Pero podría ser, que el VANc fuera también negativo y mayor que VANa, es decir, que la opción de compra fuera peor que la de alquiler.

La expresión quedaría:

$$VANc - VANa = -PC + PC\frac{(1+g)^n}{(1+r)^n} + \frac{TA}{r-g}\left[1 - \frac{(1+g)^n}{(1+r)^n}\right] \geq 0$$

Esta expresión es equivalente a la que obtendríamos si hubiéramos planteado el caso como VAN de compra de vivienda que implicara unos ingresos por ahorro del alquiler. Tenemos una inversión inicial, -PC, con signo negativo, y luego dos términos positivos que corresponden a los ingresos por ahorro de alquiler (o por realmente alquilarlo) más el valor de la vivienda en el año n. Son dos interpretaciones del mismo hecho.

Vamos a calcular la relación entre g y r para que la opción de compra sea igual a la de alquiler.

Entonces tendremos que:

$$-PC + PC\frac{(1+g)^n}{(1+r)^n} \geq -\frac{TA}{r-g}\left[1 - \frac{(1+g)^n}{(1+r)^n}\right]$$

Reordenando la expresión quedaría:

$$PC(\frac{(1+g)^n}{(1+r)^n} - 1) \le \frac{TA}{(r-g)}\left[\frac{(1+g)^n}{(1+r)^n} - 1\right]$$

Llamaremos a esta fórmula, fórmula A, para referenciarla más tarde. Eliminando el término común, resulta:

$$PC \le \frac{TA}{r-g} \; ; \; \boxed{r \le g + \frac{TA}{PC}} \quad \text{Ley para compra-alquiler de vivienda.}$$

Esta expresión indica que lo que nos cuesta el préstamo, r, tiene que ser menor que lo que ganamos por comprar vivienda, g, que es lo que se va revalorizando, más TA/PC que es lo que nos ahorramos por no tener que alquilarla (o lo que ganamos por alquilarla si la compramos para ese fin).

Llamaremos a esta expresión Ley de compra-alquiler de vivienda. La ley es válida para cualquier activo que cumpla con las condiciones, como podría ser un local comercial, aunque sea difícil aplicarla fuera del sector inmobiliario. Más adelante veremos la misma ley para el caso general de distintos valores de g.

Es interesante observar que la ley es independiente del tiempo, lo cual da lugar a una expresión muy elegante. Podríamos incluso tomar decisiones dinámicas dependiendo de los valores actuales de las variables y realizar compras y ventas en el mercado lo mismo que hacemos con acciones y fondos. Lógicamente, este modelo no tiene en cuenta los costes de la transacción, es decir, gastos de notarios, registradores, bancos y otros, ni las condiciones fiscales e impositivas de la inversión en vivienda que hace falta considerar de forma adicional y particular en cada caso.

En nuestro caso particular hemos supuesto que el valor de compra de un inmueble es el valor de alquiler anual durante veinticinco años, es decir, que PC=TA x 25, que es un caso muy real. Quedaría:

TA/PC = 1/25 = 0,04.   Y entonces $r \le g + 0,04$

Es decir, que si el coste del capital r es mayor que (g+0,04), la opción de compra implica pérdidas. Dicho de otra forma, al invertir en vivienda ganas la g correspondiente a la revalorización de la vivienda y el factor

TA/PC correspondiente a la rentabilidad del alquiler, y pierdes la r correspondiente al coste del capital, como en toda inversión. Cuando r iguala a la suma de los otros factores, la ganancia es nula, por lo que comprar vivienda no sería rentable. Esto es válido en cualquier momento del tiempo en que lo consideremos.

La rentabilidad obtenida es la misma si quieres la vivienda para vivir o para invertir. Si la quieres para vivir, habrá un componente psicológico y de seguridad. Si es para invertir, tendrás que comparar esa rentabilidad (g+TA/PC) y su riesgo asociado con el de otras posibles inversiones.

Podemos dar valores a las variables y observar los resultados, utilizando una hoja de cálculo.

Precio de Compra (PC)	300000	300000	300000	300000	300000	300000	300000
g	0,04	0,03	0,03	0,02	0,02	0,02	0,01
r	0,03	0,04	0,05	0,04	0,08	0,06	0,05
n	25	25	25	25	25	25	25
Tarifa de Alquiler (TA)	12000	12000	12000	12000	12000	12000	12000
VAN Alquiler	327862	257506	229021	230749	152088	185322	186388
VAN Compra	81965	-64377	-114510	-115374	-228133	-185322	-186388
Ganancia en caso de compra	409827	193130	114510	115374	-76044	0	0

Figura 3. Comparativa entre comprar o alquilar.

Interpretación 1: $g=r$. Nuestro rendimiento del ahorro y el de la revalorización de la vivienda son parecidos y similares a la inflación. En este caso obtenemos un resultado positivo igual a TA x n, es decir, que obtenemos una ganancia igual al alquiler del inmueble (nos lo ahorramos).

El valor actual del inmueble en n años es el mismo. Los precios de los inmuebles se igualan a la inflación. Para realizar este cálculo, hemos utilizado el caso particular cuando r=g, visto anteriormente.

El precio de compra al final de n años, actualizado a hoy, sería siempre el mismo precio, por lo que no ganaríamos nada. El alquiler sería el producto de su valor anual por el número de años, en la hoja de cálculo está representado por 300.000€, y es lo que nos ahorraríamos.

Interpretación 2: g>r. El valor de g es ligeramente superior a r, es decir, los inmuebles y sus precios de alquiler aumentan de valor más rápidamente que nuestra tasa de ahorro, en este caso parecida al tipo del préstamo r. En este caso, la ganancia es mayor. Nos ahorramos el alquiler y ganamos algo porque nuestro inmueble se revaloriza frente a la inflación. En este caso, comprar vivienda siempre es favorable.

Interpretación 3: g<r. Somos capaces de obtener rendimientos financieros r mucho mayores que g. En este caso, el valor resultante podría ser negativo y por lo tanto la compra de vivienda no sería rentable. El mercado de capitales sube más que el de inmuebles. Este no es un escenario realista para una familia normal, por el riesgo que conlleva invertir en él.

Interpretación 4: g<r. El mercado de la vivienda está en recesión y su valor decrecerá en el tiempo. Matemáticamente es equivalente al anterior. Como hemos visto antes, si no se cumple la ecuación $r \le g + \dfrac{TA}{PC}$, sería más rentable alquilar vivienda que comprarla.

Si vas a comprar vivienda, ten claro que la vivienda no puede revalorizarse por debajo de un $g \ge r - \dfrac{TA}{PC}$, siendo r en el caso normal, el tipo hipotecario, durante el periodo de tiempo que consideres.

Observa también que los precios de los inmuebles podrían incluso bajar pero aun así salirnos el caso rentable. En el caso que hemos analizado anteriormente, si por ejemplo g=-0,01 y r= 0,02, es decir, una diferencia de 0,03 (para PC=25 x TA), el caso de compra sale rentable.

Este caso tampoco es muy intuitivo, ya que nos dice que es conveniente comprar cuando la vivienda está bajando. Lo que en realidad dice es que, con los parámetros concretos del caso, perdemos menos comprando que alquilando. Algo perdemos comprando, pero perdemos más alquilando. El caso recíproco también es posible.

El caso más desfavorable se da cuando los préstamos hipotecarios están bajos. En este caso, el precio de la vivienda habrá subido ya que los compradores disponen de más dinero para destinarlo a la vivienda ya que el banco les pide menos intereses. Esto es detectado por los mercados que responden subiendo los precios.

Los nuevos compradores de vivienda acceden pues a un mercado caro y con tipos bajos. Si los tipos empezaran a subir, las cuotas del crédito aumentarían y el valor de los inmuebles posiblemente caería ya que hay menos dinero en el mercado disponible ahora para la vivienda. En este caso, el comprador se encontraría pagando cuotas más altas por una vivienda que vale menos, o que no se va a revalorizar al mismo ritmo.

Este caso es difícil de valorar. Debes monitorizar el mercado para ver en qué situación te encuentras. Piensa que alquilar no es tirar el dinero si te encuentras en un mercado de este tipo. Es mejor esperar y estar todo lo seguro que se pueda acerca de las tendencias del mercado. Calcula el tipo de interés que te pide el banco r y compáralo contra la suma de la revalorización de los inmuebles g más la relación TA/PC, para saber si pierdes o no, y cuánto. Hacer esto te dará tranquilidad.

Puedes buscar los valores actuales e históricos de r y g en el Instituto Nacional de Estadística (INE), www.ine.es y realizar previsiones sobre su evolución a medio plazo.

Vamos a ver ahora, siguiendo nuestra línea de desarrollar la cultura financiera, el caso más general en que las dos g que estamos comparando sean distintas. Para ello partiremos de la que hemos llamado antes fórmula A. Ya que ahora las g de los dos miembros son distintas, ga y gc, no podemos eliminarlas, y por lo tanto la expresión resultante ya no sale tan elegante, ya que ahora sí depende de la variable temporal n.

$$PC(\frac{(1+gc)^n}{(1+r)^n}-1) \leq \frac{TA}{(r-ga)}\left[\frac{(1+ga)^n}{(1+r)^n}-1\right]$$

Reordenando tendremos:

$$\boxed{\frac{TA}{PC} \geq (r - ga)\frac{(1+r)^n - (1+gc)^n}{(1+r)^n - (1+ga)^n}}$$ Ley genérica para compra-alquiler

Un caso especial de esta expresión puede ser cuando la ga sea cero. Esto sería el caso de por ejemplo un alquiler fijo como puede ser un renting. Entonces, al eliminar ga, la expresión quedaría:

$$\frac{TA}{PC} \leq r\frac{(1+r)^n - (1+g)^n}{(1+r)^n - 1}$$

Hemos cambiado el signo de la desigualdad para hallar, en este caso, la tasa de alquiler TA máxima para que resulte rentable alquilar.

Esto quiere decir que por ejemplo para el caso de decidir entre compra o alquiler de un automóvil que cuesta PC, la tasa de renting TA tiene que ser menor que:

$$\boxed{TA \leq PC \cdot r\frac{(1+r)^n - (1+g)^n}{(1+r)^n - 1}}$$ Ley de compra-alquiler a cuotas constantes

En efecto. Si por ejemplo el vehículo costara 20.000€ y se depreciara a un 10% anual (g=-0,1), y la tasa de interés fuera de r=0,03, tendríamos que el valor residual del vehículo a los tres años sería de:

$$20.000 \cdot (0,9)^3 = 14.580$$

Y esto actualizado al momento actual sería $\dfrac{14.580}{(1,03)^3} = 13.342$

Esa cifra, restada a la inversión inicial de 20.000€ nos da un valor actual de 6.657€, que es lo que nos ha costado el coche esos tres años.

Si aplicamos la fórmula, nos saldría una TA=2.354€. Este sería el precio de renting máximo para que el caso saliera igual. Si actualizamos el valor de 2.354€ de cada año al momento presente y lo sumáramos, la suma daría 6.657€, el mismo valor. La cifra TA=2.354€ incluye los intereses financieros correspondientes a r=0,03 del total del precio del vehículo, es decir que también estás pagando los intereses financieros del valor residual del vehículo. Dicho en otras palabras, si escoges un coche más caro y lo usas durante tres años, pagas por la depreciación de esos tres años, pero también por los intereses financieros del total del valor del coche durante esos tres años, igual que si lo compraras y vendieras.

Observa también que una depreciación anual de un 10% no significa que al cabo de 10 años el coche valga cero (la depreciación, como la apreciación, es sobre el valor del año anterior). Calcula tú mismo el valor de 0,9 elevado a 10, y el valor residual que correspondería a distintos valores de la depreciación anual.

Obviamente, el caso real de un renting llevaría incorporados unos servicios de mantenimiento y seguros que no están contemplados en este ejercicio y que habría que valorar de forma particular.

15 INVERTIR EN RENTA FIJA

Una forma de gestionar nuestros ahorros de forma conservadora es invertir en renta fija. El concepto es sencillo. Colocamos nuestro dinero a cierto plazo y obtenemos una rentabilidad prefijada de antemano, si cumplimos con el plazo, es decir, si llevamos la inversión a término.

La renta fija se obtiene por la emisión de deuda que realizan las empresas o gobiernos, tanto regionales como centrales. A su vez, dependiendo del plazo de inversión, la deuda emitida se puede clasificar normalmente en letras, si es menor de dos años, bonos, si es menor de cinco años, y obligaciones, para mayores plazos.

La renta fija, a pesar de su nombre, no está exenta de riesgos. Mientras la empresa o gobierno emisor no quiebre, los inversores cobrarán sus intereses, (el llamado cupón) y recuperarán la inversión, pero en caso de quiebra no hay garantía ninguna.

Aunque la cantidad de intereses a cobrar al término del periodo de inversión está pactada, el valor del bono puede variar en el tiempo al hacerlo el tipo de interés del mercado. Y tampoco es lo mismo invertir directamente en bonos que invertir en un fondo de renta fija. El precio del fondo puede variar de forma ininteligible para el inversor.

Puedes comprar un fondo que invierte en renta fija y encontrarte con la desagradable sorpresa de que el cabo de un año su valor ha disminuido, sin tener posibilidad de saber si puede recuperarse, debido por ejemplo a la complejidad de su composición. Es importante darse cuenta de que las emisiones de deuda tienen un periodo de terminación, pero los fondos de renta fija no lo tienen. La compra directa de deuda asegura el pago del cupón. La compra de fondos no asegura nada. Si inviertes en fondos de renta fija y sube el tipo de interés del mercado, probablemente acabes perdiendo dinero.

Veamos cómo funciona todo esto.

Imaginemos que compramos bonos del tesoro público a 5 años, por un valor de 100€. El tipo de interés del bono es el 5% anual. El tipo de interés medio es del 3%, por lo tanto, de acuerdo con lo aprendido, este será el tipo al que hay que descontar nuestras inversiones.

De acuerdo con todo lo anterior, el valor actual de nuestra inversión será:

$$Valor = \frac{5}{1,03} + \frac{5}{1,03^2} + \frac{5}{1,03^3} + \frac{5}{1,03^4} + \frac{105}{1,03^5} = 109,16 \quad , \text{o el } 109,16\%$$

de nuestra inversión inicial.

Es decir, que si has invertido en el bono, tienes un activo que vale 109,16€. Este es el valor del bono y su rentabilidad es el 3% al que lo hemos descontado. Observa que si en vez de descontar al 3% lo descontáramos al 5%, el valor sería 100. El valor de 109,16 refleja la ganancia del 5% sobre el 3% de la inflación. Si la mencionada emisión se ha cerrado, algún inversor podría estar interesado en comprarte tu bono a un precio menor, por ejemplo, a 108€, y todavía ganaría más que el 3% al que hemos realizado el descuento (puedes calcularlo tú mismo). Este tipo de compraventa después de emitido el bono, es lo que se llama el mercado secundario.

Repasemos los conceptos. El tipo de interés medio, que será parecido a la inflación, es el 3%. Es la rentabilidad base del mercado. Toda rentabilidad conseguida por encima será una ganancia. Nuestra inversión, descontada al 3%, es de 109,16€ y es el valor del bono, es su precio de mercado. Si alguien nos comprara el bono a 109,16€ y lo llevara a término, ganaría un 3%. Es el mismo concepto de TIR que vimos en su momento.

Podrías pensar que, si nuestro bono vale ahora 109,16%, podríamos venderlo y ganar un 9,16% en un solo día. El concepto es atractivo. Es lo que se llama Titulización, y lo que ha permitido a muchos bancos conseguir fuentes de financiación nuevas, vendiendo títulos de deuda sobre pagos futuros. Esto es correcto, aunque no es sostenible. Si se hiciera de continuo, nadie compraría los títulos, comprarían directamente los bonos (que valen 100, más baratos que 109,16). Sólo puede realizarse cuando el mercado primario presenta limitaciones de acceso o escasez en la oferta. La titulización se ha empleado en los últimos años de forma perversa para empaquetar varios tipos de deuda enmascarando su riesgo, como fue el caso de las hipotecas basura.

Siguiendo con nuestro razonamiento, podemos ver que si los tipos de interés suben, el valor de nuestro bono baja. Si descontáramos al 4% en vez de al 3%, el valor del bono sería sensiblemente inferior. No obstante, si lleváramos nuestro bono a término, seguiríamos cobrando el mismo cupón. El menor valor del bono reflejaría la menor ganancia marginal frente al tipo base del mercado, al haberse incrementado éste. Esto también sucede con las inversiones en bolsa. Al subir los tipos de interés suele bajar la bolsa debido a múltiples efectos, siendo uno de ellos la disminución del valor actual de la inversión ya que estamos descontando los beneficios futuros a un interés más alto.

Como conclusión, podemos resumir de la siguiente manera: si quieres garantizar unos rendimientos fijos a cierto plazo, compra deuda fija. Cuanto mayor sea el plazo, mayores rendimientos pero también mayor incertidumbre frente a variaciones del tipo de interés y menor liquidez, menor capacidad de disponer de nuestro dinero. Cuanto más alto esté el tipo de interés, es decir, cuando se espera una bajada de los tipo, más se revalorizará nuestra inversión, y a la inversa. Si inviertes en bonos, sabes que tienes un rendimiento garantizado. Si inviertes en fondos que a su vez invierten en bonos, no tienes nada garantizado, ya que los fondos no tienen fecha de terminación. No inviertas en fondos de renta fija si piensas que los tipos van a subir, ya que bajará el valor del fondo.

Quisiera insistir en este punto. Si compras un bono que invierte en renta fija y lo llevas a término, obtendrás el rendimiento establecido. Si inviertes en fondos que invierten en renta fija, puede ocurrir que tu inversión pierda valor.

El mismo ejercicio podría realizarse con bonos a perpetuidad (repasa el capítulo sobre la perpetuidad). Conceptualmente es lo mismo. Aunque el bono nunca llega a término, tiene un valor presente que puede variar junto con el tipo de interés existente en cada momento, y podría ser comercializado en el mercado secundario.

16 INVERTIR EN RENTA VARIABLE

Para invertir en renta variable, puedes invertir directamente en bolsa o en fondos que a su vez invierten en valores bursátiles. La bolsa es el mercado donde las empresas van a buscar financiación. Los accionistas compran títulos de la empresa con la esperanza de cobrar sus dividendos. En teoría financiera, el valor de una acción es el VAN de sus dividendos futuros. En la práctica, se buscan tanto los dividendos como la propia revalorización de la acción a corto plazo.

El problema con la bolsa es que ha pasado de ser un mercado instrumental para la financiación de las empresas a un mercado especulativo sometido a demasiados vaivenes, donde comprar un título esperando unos dividendos es una aproximación demasiado inocente.

Lo primero que debes saber es que tú no eres un profesional, por lo que no debes intentar comportarte como tal. No me cansaré de insistir en la importancia del análisis situacional, de entender la situación en la que estamos en cada momento, y quizá lo más importante, en aceptarla. Acepta que no eres un profesional, y obra en consecuencia. Cuando uno es tiburón, es tiburón, pero cuando uno es panchito, no intentes ir con los tiburones porque te comerán. Los profesionales suelen saber cómo acumular beneficios y distribuir las pérdidas, y a ti te puede pasar todo lo contrario.

Todo el mundo habla de lo que ha ganado en bolsa, pero nadie habla de lo que pierde. Batir los índices del mercado es algo muy difícil. Y además, la bolsa es un mercado muy raro, es casi el único mercado donde la gente compra cuando está caro (ya estamos seguros de que el mercado va bien) y vende cuando está barato (por si acaso cae más). Incluso a veces, después de una caída volvemos a comprar para que la media de la pérdida sea menor, incrementando el volumen total de nuestras pérdidas.

No obstante, invertir en valores de bolsa tiene sentido. La bolsa, a largo plazo, es una de las mejores inversiones. Pero es importante invertir únicamente lo que te sobra, para poder aguantar periodos de pérdidas sin necesidad de vender. Recuerda que cuando compras acciones ya no tienes dinero, tienes acciones. Esa frase de "tengo dinero invertido en..." es errónea, no tienes dinero, tienes acciones. Y solo se vuelven a materializar en dinero cuando las vendes. Si puedes aguantar sin vender, pueden volver tiempos de bonanza y recuperar su valor. Los títulos los mantienes. Sólo pierdes (o ganas) al vender.

Digo esto, aunque parece obvio, porque en muchas escuelas de negocios se hace la siguiente pregunta a los estudiantes: una empresa reduce capital destruyendo títulos sobre acciones, directamente en la destructora de documentos, ¿dónde va a parar ese dinero? O en la pasada recesión, las inversiones bursátiles han caído en general un 50%, ¿dónde ha ido ese dinero? Y reina el desconcierto entre los estudiantes…

Esto es como pedir un café en un bar, por 1,5€. Cuando lo tengo en la mano, puedo decir que tengo un valor de 1,5€ en café, incluso si en ese momento entrara un amigo al bar le podría entregar mi café (invitándole) y le ahorraría ese dinero. Pero al cabo de unos instantes, me lo bebo. ¿Dónde ha ido ese dinero? ¿He destruido valor?

Evidentemente no. El dinero ha ido al barman. El café no es dinero, y las acciones tampoco lo son, mucho menos los sellos y otras inversiones de ese tipo. Tampoco lo son los fondos de renta fija. Las letras, bonos y obligaciones no son dinero pero son un flujo de pago diferido.

Ya que lo que pretendemos es que nuestros ahorros aumenten lo más posible en el medio y largo plazo, el primer objetivo es comprar barato. Pero ¿cuánto vale una acción? La respuesta puede ser muy fácil, miramos en las páginas económicas de los medios. Pero esto, ¿qué información nos da?

Debemos saber que cuando analizamos acciones existen dos tipos de análisis. El llamado análisis técnico y el llamado análisis fundamental. El análisis técnico se basa en la situación coyuntural de la acción. Se estudian los movimientos del valor en el tiempo a corto plazo, sus rangos de oscilación, los llamados resistencias, por lo alto, y soportes, por lo bajo. Se analizan correlaciones con otros indicadores económicos, anuncios de tipos de interés, crecimiento de la economía, estabilidad de los mercados. Es un análisis de tipo táctico.

El análisis tipo estratégico, es el fundamental. En él se tienen en cuenta las razones del aumento del valor de las empresas. Uno de ellos es el crecimiento del negocio, si la empresa genera ventaja competitiva que le permite crecer. El otro es la capacidad de generar beneficios operativos y repartir dividendos. Esta combinación de factores es la que hace que una empresa (y por consiguiente sus valor bursátil) aumente de valor.

No es fácil convertirse en un conocedor del mercado de valores. Pero aún es más arriesgado fiarse de lo que nos digan sin tener ningún criterio. Hay que escuchar siempre... pero contrastándolo con nuestros conocimientos. No entraremos en este libro a realizar análisis complejos sobre valoración de acciones pero sí utilizaremos el principio de precaución a la hora de realizar una inversión.

Como ahorradores particulares, podemos fijarnos en unos pocos factores. Uno, que la empresa en cuestión presente beneficios de forma mantenida históricamente, y que el porcentaje de beneficios esté alineado con el de su industria. Dos, que su volumen de facturación crezca también de acuerdo con su industria. Tres, que el precio de la acción esté en un margen aceptable, lo que se denomina ratio P/E (PER o price/earning ratio), siendo P el precio de la acción y E las ganancias totales anuales producidas por ella. Ese ratio refleja los años que el precio descuenta las ganancias de la acción.

Por ejemplo, una regla muy sencilla para estimar el valor de una empresa ha sido tradicionalmente, los beneficios a diez años. A más de diez años... no nos atrevemos a pronosticar. Una empresa que cotiza en bolsa vale su valor bursátil. En este caso, aunque no es exactamente lo mismo, el valor de P/E sería 10. El valor P/E debe ser comparado entre las empresas de su misma industria. Así como las empresas están diferentemente valoradas unas de otras, también lo están las industrias. En un periodo de tiempo, puede ser más atractivo invertir en la industria farmacéutica, por ejemplo, que en la banca.

Adicionalmente a todo esto, habría que estudiar la evolución del valor de la acción en el tiempo, para realizar la compra en el momento que el valor está bajo pero debido a la situación económica general de los mercados, y no a la particular de la empresa. Es importante observar que cuando una acción tiene un precio bajo, puede ser porque realmente vale poco, es decir, que no está realmente barata, y cuando está cara, puede ser porque la empresa tiene mucha fortaleza para seguir creciendo. No es nada fácil discernir esto.

Sólo con realizar esta monitorización ya tienes más trabajo que el que probablemente puedas llevar a cabo. ¡Invertir en bolsa es un trabajo duro!

Así que una opción razonable es invertir en fondos de renta variable. Los fondos fluctúan menos que las acciones y permiten diversificar de una forma sencilla. Existen múltiples tipos de fondos, de acuerdo con el riesgo de su cartera, los países donde invierten, las carteras de las que se componen, el índice que quieren replicar... incluso fondos de fondos. Invertir en fondos es una forma sencilla de adquirir cultura financiera para gestionar tus ahorros.

Recuerda, que mantener una posición inversora no significa mantener una inversión en concreto, de forma indefinida. Un error muy típico, es mantener una misma inversión que ha sufrido pérdidas importantes con la esperanza de que se recupere. Sentimos como una especie de "lástima" cuando vendemos una inversión que ha perdido valor. Pero vendemos para volver a invertir en otro valor o conjunto de valores que tiene mejores expectativas. Esta gestión activa debemos de realizarla con el fin de que las inversiones que han sufrido pérdidas no nos lleven al inmovilismo improductivo.

Lo más difícil de invertir en renta variable es encontrar fuentes de información fidedigna. La mayoría serán fuentes interesadas. Difícilmente encontrarás mensajes públicos que te inviten a vender tus activos o a ser cauto en las compras. Ojear alguna publicación independiente sobre inversión bursátil te será de utilidad.

En mis veinticinco años de vida financieramente activa he vivido la crisis tecnológica, la bancaria y la inmobiliaria. Tienes que saber cuándo se puede estar entrando en una recesión para poder deshacer posiciones, vendiendo y refugiándote en la renta fija. No obstante, en el largo plazo, invertir en bolsa es posiblemente la mejor opción para generar ahorro.

Y recuerda, el objetivo no es duplicar tus ahorros en un año (nunca me ha gustado perseguir utopías, por lo difícil que es alcanzarlas), sino ser capaz de ganarle esos cuatro puntos anuales a la inflación. Un objetivo realista, alcanzable y mantenido en el tiempo.

17 FISCALIDAD

Cuando uno es joven, la palabra fiscalidad no significa nada. Los impuestos son automáticamente deducidos de nuestras nóminas, y la declaración de la renta tiene pocas complicaciones. Más adelante en la vida, la fiscalidad condicionará muchas de nuestras decisiones económicas, y habrá que estar pendiente de los cambios que el gobierno realiza en materia fiscal.

Podemos realizar acciones que disminuyan nuestra carga fiscal fundamentalmente en dos aspectos: uno, el que se relaciona con nuestros ingresos, mediante reducciones del impuesto de la renta de las personas físicas, el conocido IRPF, y otro, el que se relaciona con nuestros ahorros, buscando la forma más conveniente de invertir.

17.1 FISCALIDAD DE LOS INGRESOS

Existen dos formas generales de pagar menos impuestos sobre la renta, de realizar deducciones. Uno es la desgravación fiscal, que consiste en la devolución de un porcentaje del gasto o inversión. Por ejemplo, hasta fechas recientes, la inversión en vivienda se podía desgravar. Directamente, de lo invertido, el gobierno te devolvía un porcentaje.

La otra forma consiste en disminuir la base imponible, las deducciones. El importe ahorrado ya no es una proporción fija, sino que depende de tus ingresos particulares y el tramo impositivo en el que te encuentres. Este es un concepto muy importante en fiscalidad y normalmente muy poco tenido en cuenta por el contribuyente.

Para entenderlo bien, primero explicaremos lo que son los tramos impositivos del Impuesto sobre la Renta de las Personas Físicas, o IRPF. A continuación se puede ver la tabla de gravamen de la Agencia Tributaria que recoge estos tramos. Esta tabla puede ser diferente entre haciendas, territorios, y variar a su vez con el tiempo y la correspondiente política fiscal.

En la tabla vemos que hay siete tramos. Cada tramo paga diferente porcentaje de impuestos. Los tramos inferiores pagan menos que los superiores, dando lugar a lo que se conoce como una escala progresiva de gravamen. Una persona que cobrara 17.707€ al año o menos, pagaría un 24,75% de impuestos, pero al superar esa cifra, se incurre en un nuevo porcentaje de gravamen, en este caso al 30%, pero sólo de ese escalón.

A veces se suele creer erróneamente que un aumento de unos pocos euros te pasa a otro escalón superior. Sólo esos pocos euros pasarían al escalón superior. El total de la renta, tendría por lo tanto un tipo medio, la media ponderada de los ingresos multiplicada por los tipos impositivos de los tramos, que estaría entre el 24,75% y el 30%.

TRAMOS IRPF		
BASE IMPONIBLE €		TIPO APLICABLE
Desde	Hasta	
0,00	17.707,00	24,75%
17.707,00	33.007,00	30%
33.007,00	53.407,00	30%
53.407,00	120.000,00	47%
120.000,00	175.000,00	49%
175.000,00	300.000,00	51%
300.000,00	-	52%

Figura 4. Tramos impositivos.

Veámoslo con un ejemplo.

Si mi sueldo es de 25.000 euros, ¿cuánto pago de impuestos?

Pagaría $17.707 \times 0,2475 + (25.000-17.707) \times 0,30 = 6.570,38€$

Y si calculamos el tipo medio, $6.570,38 / 25.000 = 26,28\%$, lo cual efectivamente esta entre 24,75 %y 30%.

Fíjate que aunque popularmente se usa mucho el concepto de retención, éste no es sino un ingreso a cuenta. Lo que realmente vale, es el tipo medio de todas las ganancias, y el tipo marginal del último euro ganado.

El tipo medio es simplemente una consecuencia de tu salario total. No hay muchas posibilidades de hacer nada con él. En cambio, el tipo del último tramo, el llamado tipo marginal, es el que realmente te interesa para ver cómo te afecta en tus deducciones fiscales.

Veámoslo con otro ejemplo. Al principio de tu carrera profesional, ganarás poco. Pero es de esperar que con los años tu sueldo se incremente. Cuanto más alto el sueldo, más alto también el tipo impositivo.

Pongamos por ejemplo el caso de un sueldo de 60.000€. Para este sueldo, el tipo marginal el del 47%. Esto quiere decir, que de cada euro que se gane entre 53.407€ y 120.000€, hacienda cobrará el 47% de impuestos, es decir, casi la mitad. Para calcular el tipo medio, calculamos primero los impuestos totales;

17.707 x 0,2475 + (33.007-17.707) x 0,3 + (53.407-33.007) x 0,4 + (60.000 -53.407) x 0,47 = 20.231,2, esto serían los impuestos pagados.

Y dividiendo por los ingresos de 60.000, sale 33,72%. Este sería el tipo medio que se paga por la totalidad de los ingresos.

Imagínate que a esta persona le proponen un trabajo extra, unas horas adicionales, por las que le pagaran 300€. ¿Cuánto dinero neto se llevará a casa? Esos 300€ adicionales recaen íntegramente en el tramo superior marginal, ya que el nuevo sueldo totalizaría 60.300€. Por lo tanto, los impuestos que se van a pagar por esos 300€ son 300 x 0,47 = 141€, por lo que de aceptar este trabajo, sólo se llevará a casa 300 – 141 = 159€. Es muy importante darse cuenta que aplicar el tipo medio de 33,72% en vez del tipo marginal del 47% es un error conceptual que te conducirá a decisiones erróneas.

Existen algunos tipos de retribución que producen disminuciones en la base imponible. Estas retribuciones son muy interesantes ya que evitan impuestos. Dependiendo del tipo marginal que tengas que pagar, te será más o menos interesante. Estas retribuciones las establecen los gobiernos, y son muy variables. Tradicionalmente han sido retribuciones de este tipo el cobro en forma de acciones de empresa, los vales guardería, el plan de pensiones, el seguro médico o la inversiones en tecnología digital y comunicaciones de banda ancha para el hogar.

Por ejemplo, un seguro médico puede costar del orden de 50€ al mes por persona. Si estás en el tramo correspondiente al tipo marginal del 47%, y la empresa te realiza el pago del seguro y te lo resta de la nómina, el seguro te cuesta a ti sólo 50€ x (100-47)% = 50€ x 0,53 = 26,5€, casi la mitad. Interesante, ¿no? Es decir, que si empresa te hubiera pagado los 50€ en nómina, tú sólo hubieras recibido 26,5 ya que hubieras tenido que pagar el 47% en impuestos. Si en vez de recibir ese dinero, recibes el seguro médico, estas obteniendo un seguro de 50€ por 26,5€.

Esta es la ventaja de reducir los tramos impositivos altos utilizando las herramientas que nos ofrecen las normativas fiscales. Cuando hablamos de reducir impuestos, nos referimos especialmente a reducirlos en este tramo alto que puede rozar el 50%.

Resumiendo, con un tipo marginal de por ejemplo el 50%, cualquier ingreso bruto sólo nos producirá un ingreso neto de la mitad, y todo pago que permita disminuir la base imponible, nos costará también sólo la mitad.

17.2 FISCALIDAD DEL AHORRO

Cuando compramos bonos, acciones, o fondos, deberemos pagar un porcentaje de nuestras ganancias al fisco. Este porcentaje depende de las decisiones del gobierno de turno. Es muy frecuente que los beneficios obtenidos en operaciones de menos de un año tributen más alto que las de más de un año. Los beneficios obtenidos a menos de un año se suelen integrar en la base general de ingresos dinerarios, tributando por lo tanto al tipo marginal (esto se explica con detalle en el siguiente apartado).

Debido a ello, será poco interesante realizar operaciones de compraventa de menos de un año, aunque esto dependerá de nuestro tipo marginal; cuanto más bajo, menos impuestos pagaremos.

Las operaciones de más de un año normalmente están sujetas a un tipo impositivo más bajo, y puede que estén también sujetas a tramos de tributación.

Los fondos de inversión tiene una ventaja fiscal: No hace falta vender participaciones para cambiar de fondo. Se puede realizar un traspaso entre fondos, sin realizar ninguna venta. Esto no sólo retrasa el pago de impuestos, sino que se consigue una mejora en el porcentaje de rentabilidad.

Ya que la finalidad de este libro es adquirir cultura financiera, vamos a calcularlo.

Imaginemos que ahorramos en un fondo de inversión o en acciones, y cada año (más un día) modificamos la cartera. Lo de más de un día es importante, ya que si no los beneficios tributarían al tipo marginal. En este caso, hay que paga al fisco cada año por los beneficios, por lo que sólo nos quedamos con una fracción de ellos.

Por ejemplo, si el impuesto aplicado es del 20%, solo me quedo con el 80% de los beneficios. Si he obtenido un 5% de rentabilidad, la rentabilidad después de impuestos será del 5% x 80% = 4%. Por lo tanto, la rentabilidad neta después de impuestos será de la rentabilidad i multiplicada por el complementario del tipo impositivo. Por ejemplo, del 20% será 100% − 20% = 80%. Llamaremos a este factor, F.

Entonces, al cabo de n años, el capital acumulado será:

$Cf = Ci(1+iF)^n$, siendo Cf el capital final, Ci el inicial, y i el tipo de interés o rentabilidad de la inversión.

En cambio, si no vendemos anualmente (o en otro periodo) nuestras inversiones y en cambio las mantenemos durante varios años, el capital final obtenido será:

$$Cf = Ci(1+i)^n$$

Pero de este capital hay que pagar impuestos. Los impuestos sólo se aplican al beneficio, y éste se calcula restando al capital final el inicial.

$$Beneficio = Cf - Ci = Ci(1+i)^n - Ci$$

Y ahora sólo queda aplicarle la fiscalidad multiplicándolo por el factor F, como en el caso anterior. Lo que salga es el beneficio neto. Si a esto le sumamos el capital inicial otra vez, obtenemos el total de nuestro capital al final de esos años de inversión, después de impuestos.

$Cf = Ci + (Ci(1+i)^n - Ci)F$ Y sacando Ci como factor común, quedaría:

$$Cf = Ci(1 + ((1+i)^n - 1)F)$$

Para un mismo Capital inicial y rendimiento financiero podemos obtener distintos rendimientos debido al impacto fiscal:

Capital final manteniendo la inversión: $Cf = 1 + ((1+i)^n - 1)F$

Capital final vendiendo y comprando: $Cf = (1+iF)^n$

La segunda ecuación se ha modelado suponiendo una venta y compra anual.

Ahora puedes introducir estas expresiones en una hoja de cálculo y realizar simulaciones para diferentes años y tipos de interés y observar los resultados.

18 INVERTIR EN UN PLAN DE PENSIONES

Los planes de pensiones son instrumentos financieros para que los ciudadanos generemos nuestra propia pensión, que puede ser complementaria a la pensión del gobierno o la única que tengamos.

El plan de pensiones tiene un planteamiento muy sencillo. Vas generando ahorros, de la forma en que hemos visto en capítulos anteriores, durante muchos años, y luego los vas consumiendo durante menos años. Aquí sí que se respeta la relación muchos/pocos.

Entonces, ¿Qué tiene de particular el plan de pensiones? El plan de pensiones tiene una particularidad que lo puede hacer atractivo, y que es la fiscalidad.

En el caso particular de los planes de pensiones, la ventaja fiscal es que las aportaciones anuales reducen la base imponible, como se ha explicado en el capítulo anterior.

La aportación al plan se resta fiscalmente directamente de los ingresos y lógicamente se empieza por los tipos más altos. Imaginemos que la persona en cuestión ingresa al plan de pensiones 5.000€. Esta cantidad se encuentra en el tipo marginal del 47%, ya que 60.000-5.000=55.000€ que está por encima de 53.407€.

Es decir que sin aportación al plan de pensiones, por esos 5.000€ se pagaría al fisco la cantidad de 5.000 x 0,47 = 2.350€. Esa cantidad es la que ahorramos en la declaración de la renta.

Lo primero que hay que observar es que el ahorro conseguido depende directamente del tipo marginal en el que nos encontramos. Una persona que se encuentre en el primer tramo y que aporte la cantidad al plan, ahorraría la cantidad de 5.000 x 0,2475 = 1.237,5€, ya que en este caso el tipo marginal es del 24,75% en vez del 47%. Es decir, que dos personas con dos salarios distintos obtienen distintos resultados al aportar la misma cantidad a un plan de pensiones. En cambio, obtendrían lo mismo al amortizar su vivienda. En el primer caso se trata de una reducción de la base imponible, y en la segunda una desgravación.

Lo segundo es que consecuentemente, la aportación a un plan de pensiones puede no ser aconsejable para todo tipo de personas. Esto se debe a los impuestos que hay que pagar en el momento del cobro del plan. El plan se puede rescatar en forma de pensión o en forma de capital. Si se rescata en forma de pensión, esta pensión se suma a los ingresos que se tengan en el momento del cobro, posiblemente la pensión de jubilación, y se pagan los impuestos correspondientes al total. De esta forma, para sueldos que no estén en tramos marginales altos, no se gana nada, lo que hemos deducido antes lo pagamos ahora, e incluso podríamos acabar pagando más.

Actualmente (y esto puede variar), si se cobra el plan de pensiones en su totalidad en el momento de la jubilación, esto es, en forma de capital en vez de en forma de renta, la cantidad acumulada (capital más intereses generados) pagarán impuestos solo por el 60% del total acumulado. Este es el gran atractivo de los planes de pensiones, aunque en el momento de escribir este libro se prevén cambios importantes en la normativa. No obstante, el dinero acumulado se suma al resto de los ingresos del trabajo y tributa como un ingreso más.

Debido a ello, se puede pensar que después de toda una vida de ahorro se consiga una cantidad que a la hora de tributar se encuentre en los tramos altos de tributación. En este caso, el porcentaje máximo a tributar sería (pongamos un ejemplo realista) el producto del tipo marginal, por ejemplo un 47% multiplicado por la fracción que tributa, el 60%, es decir, 60 x 47 = 28,2%. Es decir, que por nuestros ahorros tributaríamos una media del 28%.

Lógicamente, para que esto nos resultara rentable, tendríamos que habernos deducido en el momento de las aportaciones en por lo menos ese porcentaje, y en tramos bajos esto no se cumple. Una persona que se encuentra en el primer tramo del tipo impositivo, probablemente perderá dinero si aporta a un plan de pensiones. Y esto, sin tener en cuenta las extremadamente bajas rentabilidades que suelen proporcionar estos planes.

Una persona que se encuentre en un tramo con tipo marginal del, por ejemplo, 47%, si se deduce utilizando el plan de pensiones y lo rescata al 28%, ganará un 47% - 28% = 19% sólo por utilizar esta herramienta. Para tipos más bajos, el plan de pensiones presenta pocas ventajas. No obstante, esa ganancia lo es para toda la vida del depósito, que si es de muchos años, puede ser insignificante. Puedes calcular tú mismo la rentabilidad anual de un 19% obtenido durante veinte años, como ya hemos explicado en capítulos anteriores.

Durante la década del 2001 al 2010, la media del rendimiento de los planes de pensiones fue del 0,73% anual, mientras que sólo del 2003 al 2007 la banca en su conjunto obtuvo un crecimiento de sus beneficios de un 300%. Hallando la raíz cuarta, como ya sabes, sale un 30% anual. Esta es la diferencia entre ser un profesional y un aficionado. Eso sí, cuando la banca tiene pérdidas, entonces sí que las comparte contigo en forma de rescate, y además por obligación.

19 EL MERCADO

Al final, todo es un mercado. El mundo natural también lo es. El pavo real despliega sus plumas para ofrecerse... y para que le demanden.

Los mercados tienen a veces connotaciones negativas, pero no deberían de tenerlas. A fin de cuentas, ¿a quién no le gusta ir al mercadillo? Los mercados son necesarios y bastante eficientes. Parece demostrado que son bastante más eficientes que la economía planificada debido a que permiten correcciones y cambios de ritmo más rápidos y certeros.

El conjunto del mercado se equivoca menos que cuando es planificado por unos pocos individuos aunque muchos de sus comportamientos puedan parecer un tanto irracionales, topándonos aquí con la libertad y gusto de las personas. En una economía dirigida sería muy difícil que se produjera un producto tal como una pulsera con poderes equilibrantes. Si eso ocurriera, pensaríamos que sus dirigentes no estarían muy cuerdos. Pero en el mercado libre esos productos se ofertan y demandan. 'Cosas veredes amigo Sancho'.

No obstante, los mercados no funcionan solos, ni existen manos invisibles. Deben ser regulados hasta cierto punto, siendo el problema encontrar ese punto. Y una cosa que hay que saber, es que la única variable que contemplan es la económica. Por eso, no pueden funcionar solos, alguien tiene que incorporar el resto de las variables. Sin ese control, efectivamente, el mercado será un tirano implacable.

19.1 Oferta y Demanda

La oferta y la demanda son las fuerzas que rigen el mercado. Las transacciones comerciales se producen cuando se da el equilibrio entre la oferta y la demanda. Por ello, suele decirse que el mercado se regula solo. Es verdad que el mercado tiende en situaciones ideales a regularse solo, es decir, a buscar los puntos de equilibrio entre oferta y demanda, pero en la vida real no se encuentran esas situaciones ideales, por lo que se hace necesario regular esos mercados, tanto para estimularlos como para frenarlos.

El comportamiento de un mercado se puede modelar dibujando estas curvas. La más fácil de entender es la curva de demanda. Imaginemos que tenemos una cantidad de dinero K para gastar en un producto con un precio variable P. Claramente vemos que si el producto tiene un precio bajo, podemos adquirir más cantidad de él. Si es más caro, podemos adquirir menos, demandamos menos.

El producto del precio por la cantidad, será constante e igual a la cantidad de dinero que tenemos, K. Si representamos esto sobre unos ejes de coordenadas Precio y Cantidad, la curva que nos sale es una hipérbola, PxC=K, siendo K la cantidad de dinero que tenemos, P el precio del producto y C la cantidad de producto que podemos adquirir. Fácil, ¿no?

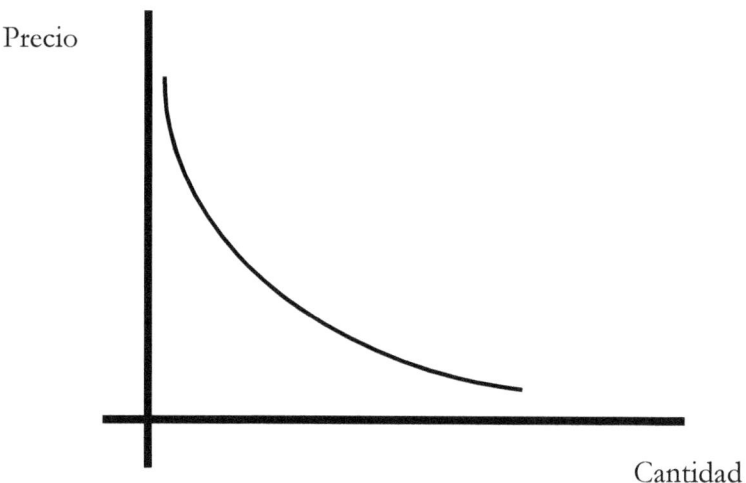

Figura 5. Curva de demanda.

Podemos hacer lo mismo con la curva de oferta. Esta curva nos es menos intuitiva, ya que la mayoría de nosotros somos compradores y nos vemos reflejados en la curva de demanda. A menor precio, compramos más. Pero la curva de oferta es diferente, aumenta con el precio. ¿Qué significa esto?

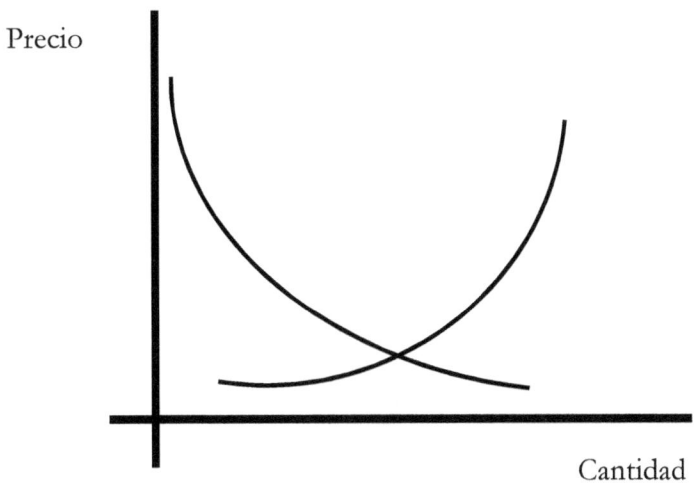

Figura 6. Curvas de oferta y demanda.

Significa que los ofertantes fabricarán más cantidad de un producto cuanto mayor sea su precio. Si yo dispongo de cierta capacidad de producción, bien sea una fábrica o una huerta, estaré atento a los productos que se paguen más caros en el mercado y me dedicaré a producirlos, en detrimento de los que sean más baratos.

Cuanto más se pague por un producto, más recursos productivos dedicaré a él y más produciré. Por eso, en la curva de oferta aumenta la cantidad de los productos al aumentar el precio de los mismos. El punto de equilibrio se dará en el lugar donde coincida las voluntades y capacidades de los compradores y de los vendedores, es decir, donde se cortan las dos curvas. Ese punto es el común en las dos curvas. Ahí se comercializará una cantidad C de producto a un precio P.

Hemos seguido este razonamiento para un solo producto. En el mercado se encuentran todos los productos a la vez, y entonces llamamos a esto la demanda y la oferta agregada, todos los bienes y servicios que se comercializan en una economía. Para representarlo más fácil, lo haremos con líneas rectas en vez de con curvas.

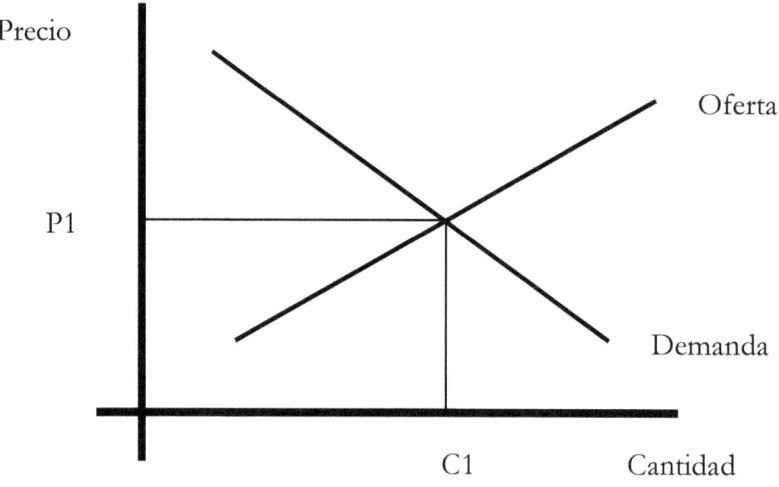

Figura 7. Equilibrio entre oferta y demanda.

Este inocente modelo es culpable de uno de los mayores desafíos a los que se enfrenta hoy en día la sociedad: debido a que el mercado, por definición, iguala la oferta a la demanda haciendo variar los precios, siempre estaremos económicamente con el agua al cuello, aunque seamos muy ricos en bienes materiales. Míralo a tu alrededor. Somos incomparablemente más ricos que cualquier rey de otros siglos, pero vivimos estresados porque no llegamos a fin de mes.

Ya dijeron los antiguos griegos hace más de dos mil años que el hombre tenía cuatro derechos fundamentales, comida, vestido, techo y calzado. Pero hoy es el día en que muchos ciudadanos están siendo desahuciados o buscando comida en la basura porque no se la pueden pagar. Tendremos bienes ya que la tecnología nos lo permite, pero adquirirlos se llevará todo nuestro dinero… o quizá más del que tengamos, o peor aún, nuestra felicidad. La raíz de este problema ya se encuentra identificada por autores como Karl Polanyi en su histórico libro 'La gran transformación', hace muchos años.

Pero volvamos al tema. Una aplicación práctica de este modelo es el cálculo del precio al que hay que poner nuestros productos para que la facturación sea máxima. Facturación máxima significa que el producto del precio por la cantidad sea máximo, $PxC=max$. Este cálculo es la base para la determinación de precios.

Dentro de este cálculo se encuentra el concepto de elasticidad de la demanda. Una demanda o un mercado son elásticos cuando al modificar el precio de los productos se modifica la cantidad demandada. De acuerdo con esa variación, son más o menos elásticos. Una línea de demanda vertical significa una demanda perfectamente inelástica, ya que aunque variemos los precios no varía la cantidad nada. Una línea horizontal representa una demanda perfectamente elástica, ya que sin incluso variar nada el precio ya tenemos demanda infinita.

Un ejemplo de producto con demanda inelástica podría ser el pan. Aunque bajemos el precio no vamos a consumir más. Consumimos lo mismo, más o menos (otra cosa distinta es que compremos más en la tienda más barata). Un producto con demanda muy elástica pueden ser ciertas ofertas vacacionales. Enseguida se vende toda la producción.

Es importante diferenciar entre la curva de demanda agregada de un producto y la nuestra particular. En macroeconomía se utiliza la demanda agregada (de todos los negocios juntos), pero en cada negocio particular habrá que identificar la demanda asociada a ese negocio, producto y lugar, que podrá ser muy diferente.

La elasticidad de la demanda se visualiza por la pendiente de la recta de demanda, aunque este concepto no es intuitivo, ya que para una recta dada, cada punto de esa recta posee una elasticidad distinta. Esto hay que verlo matemáticamente.

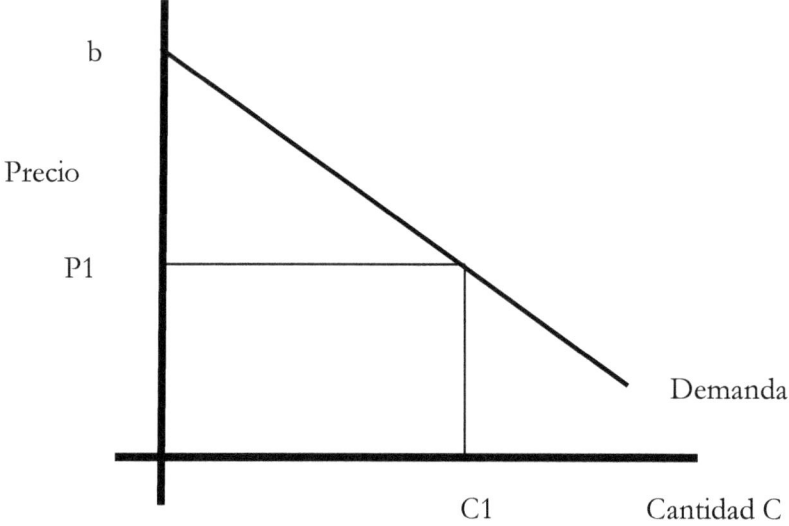

Figura 8. Precio para facturación máxima.

$P \times C \Rightarrow$ máximo, es lo que queremos calcular.

La recta de demanda tiene la siguiente ecuación:

$P = mC + b$; Esta es la ecuación de una recta, donde m es la pendiente, lo que se incrementa el eje vertical al incrementarse el horizontal. La pendiente es m, (m=Incremento Precio/Incremento Cantidad), y b el punto de corte con eje vertical (precio máximo al que alguien compraría nuestro producto).

Sustituyendo en la ecuación primera queda:

$PC = mC^2 + bC$; hay que buscar el punto máximo. Por tanto, realizamos la derivada (no des importancia a este cálculo si no sabes hacerlo) y la igualamos a cero.

$2mC + b = 0$ (la m tendrá signo negativo, ya que es una línea descendente).

$C = -b/2m$; La cantidad óptima C va a depender de la pendiente m.

P=b/2; De aquí ya vemos que el precio óptimo va a ser siempre b/2

$$Precio\ para\ facturación\ máxima = \frac{b}{2}$$

$$Cantidad\ para\ facturación\ máxima = \frac{-b}{2m}$$

La pendiente m es lo que se incrementa el precio P al incrementarse la cantidad C, es decir, m=(Inc P)/(Inc C). Sustituyendo quedaría:

C=-(b/2)/(Inc P/Inc C)=P/(Inc P/Inc C); por lo tanto,

P/(Inc P)=-C/(Inc C); Esta es la definición de elasticidad. Cuando el cociente entre los dos miembros es 1, el punto es el óptimo en precios y cantidades para facturación máxima. Si es mayor que uno, hay que seguir bajando precios.

Si queremos garantizar cierto margen de beneficio, tendremos:

Margen sobre ventas: ma= (Precio venta-precio coste)/precio venta

Precio con margen: Precio venta=Precio coste/(1-ma)

El problema con este cálculo es que la curva de demanda es desconocida. Podemos intentar definirla realizando mediciones periódicas intentando eliminar los sesgos de estacionalidad, situación económica, reacción inmediata al cambio de precios, y otros. Una vez tomadas algunas mediciones podemos dibujar la curva y buscar el punto de precio óptimo b/2 o el cociente de elasticidad igual a 1.

Podríamos dar un paso adicional y buscar el punto de beneficio máximo, que nos interesa más que el de facturación máxima. Normalmente, modificar el precio significa modificar los márgenes, por lo que podría ser que la facturación sea máxima pero el beneficio no, o al revés. El proceso es análogo al anterior. No lo desarrollaremos para evitar complejidad. Se trataría de hacer lo mismo buscando el precio para que el margen (precio menos coste) multiplicado por la cantidad sea máximo.

El resultado es que las fórmulas obtenidas anteriormente se modifican un poco y quedan de la siguiente manera:

$$Precio\ para\ beneficio\ máximo = \frac{Precio\ de\ coste + b}{2}$$

$$Cantidad\ para\ beneficio\ máximo = \frac{Precio\ de\ coste - b}{2m}$$

Podemos realizar una simulación con una recta de demanda, por ejemplo, P=-0,8C+16, y con un coste unitario de producto igual a 2. Realizando los cálculos para varios precios de venta y presentándolos de forma gráfica podemos observar cómo el precio para facturación máxima es igual a 8, mientras que vendiendo a 9 se factura un poco menos pero los beneficios son máximos. Utilizando la fórmula nos saldría directamente (2+16)/2=9.

Puedes observar que si tu producción está por debajo del punto óptimo pero eres capaz de aumentarla, tus beneficios también aumentarán al hacerlo. Si en cambio produces más cantidad de la óptima, perderás dinero intentando vender toda la producción. Esta es la razón por la que en ocasiones se destruyen cosechas reduciendo la capacidad de oferta, para conseguir situarse en el punto óptimo de producción. La producción agrícola suele ser variable, dependiendo de muchas variables externas. La producción industrial en cambio, puede planificarse con mayor precisión para no incurrir en los costes de fabricación de productos cuya comercialización, por sí sola, supondría la disminución de los beneficios totales.

El cálculo de la recta de demanda puede ser complicado, pero la fórmula del precio óptimo es muy intuitiva y nos da la solución de forma directa e independiente de la recta de demanda. Sólo tiene dos variables. La primera es el coste variable unitario del producto a vender, incluyendo todos los conceptos como pueden ser materia prima, envío o el empaquetamiento. La segunda es la variable denominada anteriormente b, que representa el precio al que nuestro producto dejaría de ser comprado por nuestros clientes (o precio máximo que alguien pagaría), concepto directamente relacionado con la diferenciación que tengamos frente a la competencia y que puede ser estimada intuitivamente o mejor aún, conocida y determinada con precisión.

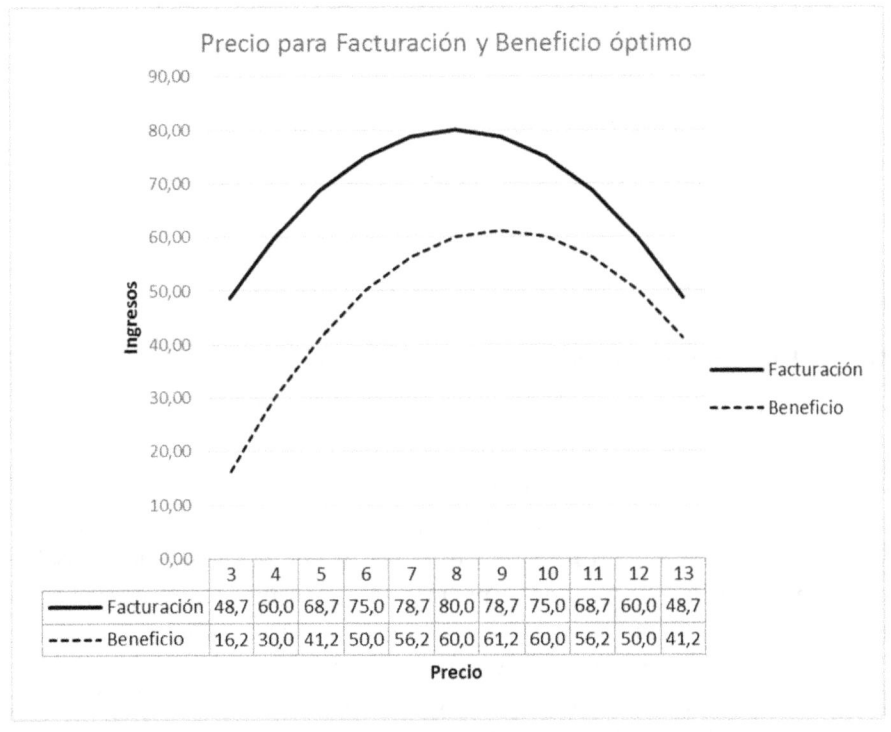

Figura 9. Ingresos máximos por facturación y beneficios.

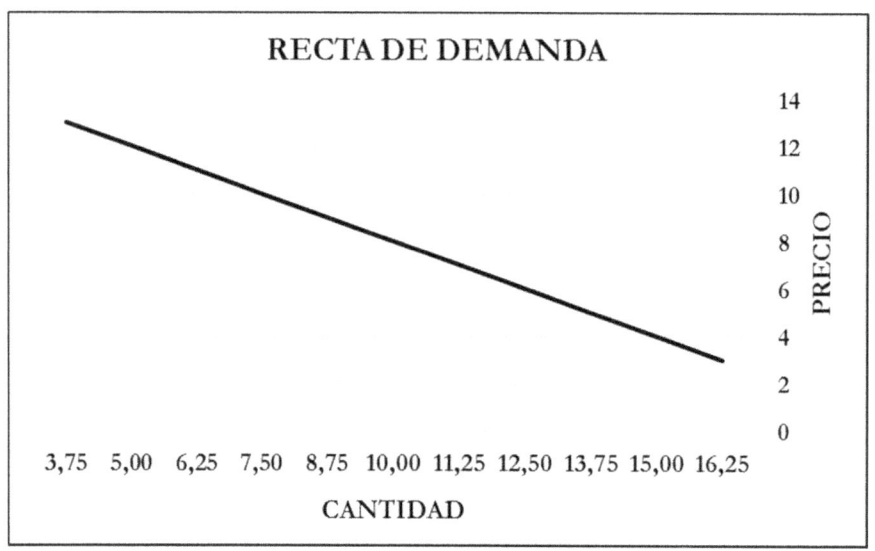

Figura 10. Recta de demanda.

El ejemplo que estamos considerando podría reflejar un negocio tipo restaurante que sirviera platos combinados. Si el coste del plato fuera de dos euros, la facturación máxima se conseguiría con un precio de ocho euros, mientras que el beneficio máximo se conseguiría con un precio de nueve euros. A partir de ahí, subir precios significaría perder dinero, y en la práctica implicaría que los clientes no vendrían a nuestro restaurante. Por ello, es interesante saber cómo es nuestra recta de demanda. Algunas personas son capaces de verlo intuitivamente, de forma práctica, pero a medida que el negocio se complica es interesante recopilar datos y realizar simulaciones.

Podríamos, por ejemplo, ver qué pasaría si ofrecemos un menú de mayor calidad, cuyo coste fuera de cuatro euros. En este caso, manteniendo la recta de demanda (que también podría cambiar), obtendríamos otros valores de facturación y beneficio máximo.

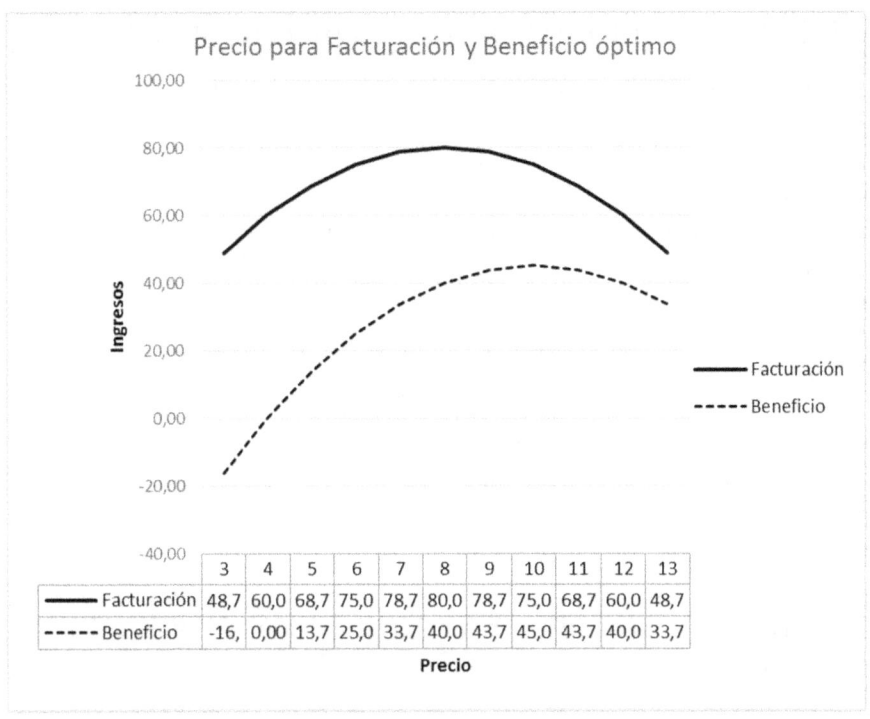

	3	4	5	6	7	8	9	10	11	12	13
▬▬ Facturación	48,7	60,0	68,7	75,0	78,7	80,0	78,7	75,0	68,7	60,0	48,7
---- Beneficio	-16,	0,00	13,7	25,0	33,7	40,0	43,7	45,0	43,7	40,0	33,7

Figura 11. Ingresos máximos, simulación.

Si los costes son ahora cuatro euros, la nueva facturación máxima correspondería a un precio de ocho euros, y los beneficios máximos a un precio de diez euros (de acuerdo con la fórmula siempre hay que sumar la mitad del coste).

De esta forma, podemos estimar el precio objetivo. Veamos ahora cómo estimar los volúmenes de ventas.

19.2 Cálculo del punto muerto de equilibrio o Break even.

A su vez, podemos considerar que en los costes de cualquier producto, existen unos costes fijos, que llamaremos CF, y otros variables, o CV por unidad de producto. Cada vez que vendemos un producto, la contribución neta de esa venta al negocio es el precio de venta PV menos los costes variables CV, ya que los costes fijos los tenemos de todos modos.

Contribución= PV-CV. Esto es por unidad de producto.

De esta forma, podemos calcular de forma sencilla el punto muerto de equilibrio, break-even, o BE, que es el punto en el volumen de ventas donde los costes se igualan a los ingresos. A partir de ahí se empieza a ganar dinero al aumentar las ventas.

Dividiendo los costes fijos entre la contribución se obtiene el punto muerto o BE.

BE=CF/Contribución. Veamos como se demuestra esto.

El coste de las ventas, es el coste fijo CF más el coste variable unitario CV, multiplicado por el volumen de ventas N.

C=CF+CV x N

Los ingresos de la venta se calculan multiplicando el precio por el volumen de ventas.

Ingresos= PV x N

Igualando los ingresos con los gastos tendremos que

PV x N = CF+CV x N

Ordenando, N x (PV-CV) = CF

Siendo la contribución= PV-CV, tenemos que,

N x contribución = CF

$N = CF/contribución = BE$, que es una fórmula rápida para calcular volúmenes.

Pongamos un ejemplo. Voy a abrir un negocio de venta de bocadillos. El alquiler del local me cuesta 1.000€ al mes. Tengo también un empleado que me cuesta otros 1.000€. Por lo tanto, mis costes fijos son 2.000€ por mes. Voy a vender lo bocadillos por 2€, pero los costes variables de cada bocadillo (lo que me cuesta hacer cada uno) son 80 céntimos. ¿Cuántos bocadillos tengo que vender al día para compensar mis gastos fijos?

Utilizando la fórmula que hemos aprendido, tenemos que la contribución de cada bocadillo es 2€-0,8€=1,2€. Por lo tanto, dividiendo los costes fijos de 2.000€ mensuales entre la contribución de 1,2€ por bocadillo nos da un resultado de 1.667 bocadillos al mes, o 55 bocadillos al día considerando que trabajamos todos los días.

Este sencillo cálculo es la base para la estimación de volúmenes en cualquier proyecto empresarial.

Break-Even o punto muerto de equilibrio

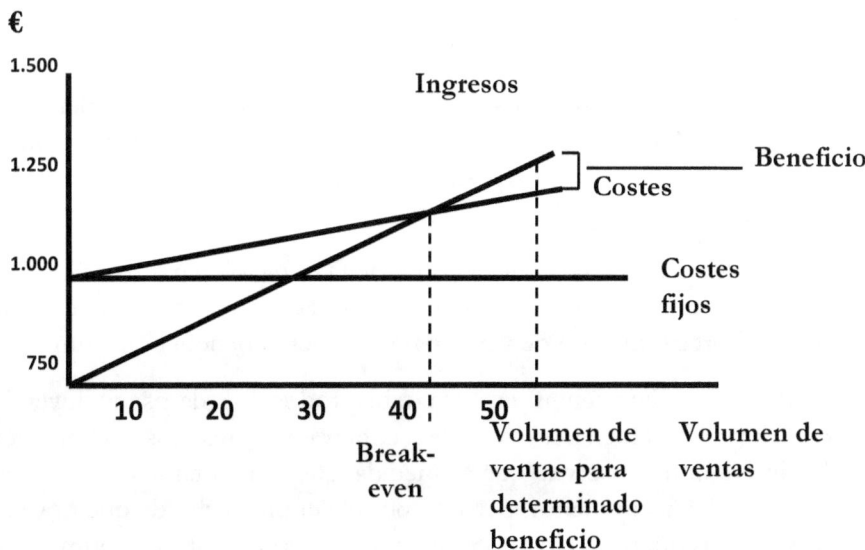

Figura 12. Punto muerto o de equilibrio.

19.3 Caso Práctico.

Veamos ahora un caso práctico en el que podamos aplicar todos los conceptos que hemos aprendido. Imaginemos que vamos a abrir un restaurante para servir menús del día y que queremos estimar volúmenes, precios y beneficios.

Lo primero que necesitamos es modelar la recta de demanda. Esto no es fácil, pero podemos utilizar algunos datos de los que ya disponemos. Si el restaurante está en un lugar en el que ya se encuentran otros y funcionan, de entrada sabemos que hay demanda para nuestro producto. Pensemos que el precio de referencia son 10€ para este tipo de menús. Si ofertamos por encima de 13€, casi nadie vendría a nuestro restaurante. Ya tenemos, por lo tanto, un punto de nuestra recta, (13, 0). Las rectas de definen con dos puntos (o un punto y su pendiente), por lo que habrá que buscar otro más.

Nuestro restaurante tiene 10 mesas por lo que podemos estimar una ocupación realista de 2 personas por mesa simultáneamente. Podemos estimar que a igualdad de producto, si nuestro precia fuera de 7€, llenaríamos toda la capacidad nominal, esto es, 20 personas, y el punto es (7, 20). Los costes fijos son de 3.000€ al mes.

Ya tenemos nuestros dos puntos. Por lo tanto, la recta de demanda es P=13-0,3C. La pendiente -0,3 se obtiene dividiendo los incrementos de coordenadas entre los dos puntos. Un punto es (13, 0) y el otro (7, 20). Dividiendo (13-7)/(0-20) resulta -0,3.

De la teoría sabemos que el punto de facturación máxima es 13/2=6,5. Entonces, dependiendo de los costes variables del menú que elijamos saldrá el precio óptimo de venta para obtener el beneficio máximo.

Podemos representar en una tabla todos los datos, incluyendo la contribución, el beneficio bruto (sin contar los costes fijos) y el breakeven. Es interesante observar que a medida que aumentamos los costes, el beneficio bruto es menor, pero no por el simple hecho de que nos cueste más aprovisionarnos, sino porque nos condiciona el precio óptimo teórico de venta para que el beneficio sea máximo.

PRECIO PARA FACTURACION MAXIMA	COSTE	PRECIO	CANTIDAD (POR TURNO)	CONTRIBUCION	BENEFICIO BRUTO (POR TURNO)	BREAK EVEN	BREAK EVEN (POR DIA)	BENEFICIO MAXIMO POSIBLE (MENSUAL)
6,5	2	7,5	18	5,5	99,0	546	19	8745,0
6,5	3	8,0	16	5,0	80,0	600	20	6600,0
6,5	4	8,5	15	4,5	67,5	667	23	4995,0
6,5	5	9,0	13	4,0	52,0	750	25	3240,0
6,5	6	9,5	11	3,5	38,5	858	29	1575,0
6,5	7	10,0	10	3,0	30,0	1000	34	540,0
6,5	8	10,5	8	2,5	20,0	1200	40	-600,0
6,5	4	10,0	10	6,0	60,0	500	17,0	4140,0

Figura 13. Distribución de precios, costes y beneficios.

Podríamos vernos tentados, por ejemplo, a confeccionar un menú cuyo coste fuera de 4€ (que nos implica un precio óptimo de 8,5€), y ponerlo a 10€ con el fin de ganar más dinero, o dicho técnicamente, de aumentar la contribución (llamado margen cuando lo expresamos en porcentaje). Este caso se refleja en la última línea de la tabla.

Es verdad que la contribución aumenta (10-4=6 frente a 8,5-4=4,5), pero de acuerdo con la recta también disminuirá la demanda (cantidad, también llamada rotación), por lo que el producto de la contribución por la cantidad será menor en el caso de subir el precio, 60€ frente a 67,5€. Este es el punto importante de este cálculo, y la base teórica que sirve de referencia para establecer los precios. Aumentar los precios nos puede hacer perder dinero si nos alejamos del punto teórico de beneficio óptimo.

Normalmente, al cambiar los costes del menú y proporcionar otro, mejor o peor, también nos cambiará la recta de demanda, por lo que habrá que modificar el modelo.

Respecto al breakeven, el mejor de los casos nos da un valor de 546 comidas para pagar los gastos fijos mensuales. Por lo tanto, 546/30=19 comidas al día que en este caso casi coincide con la cantidad (18). Cada comida adicional, multiplicada por la contribución sería beneficio neto. Podría pensarse que el restaurante sirve cuatro turnos al día, un turno paga el breakeven y el resto es beneficio.

A medida que aumenta el coste, aumenta el breakeven y disminuye el beneficio máximo posible. En el caso de coste=8, el negocio no es posible ya que no se alcanza el breakeven (8 x 4 turnos no alcanza 40).

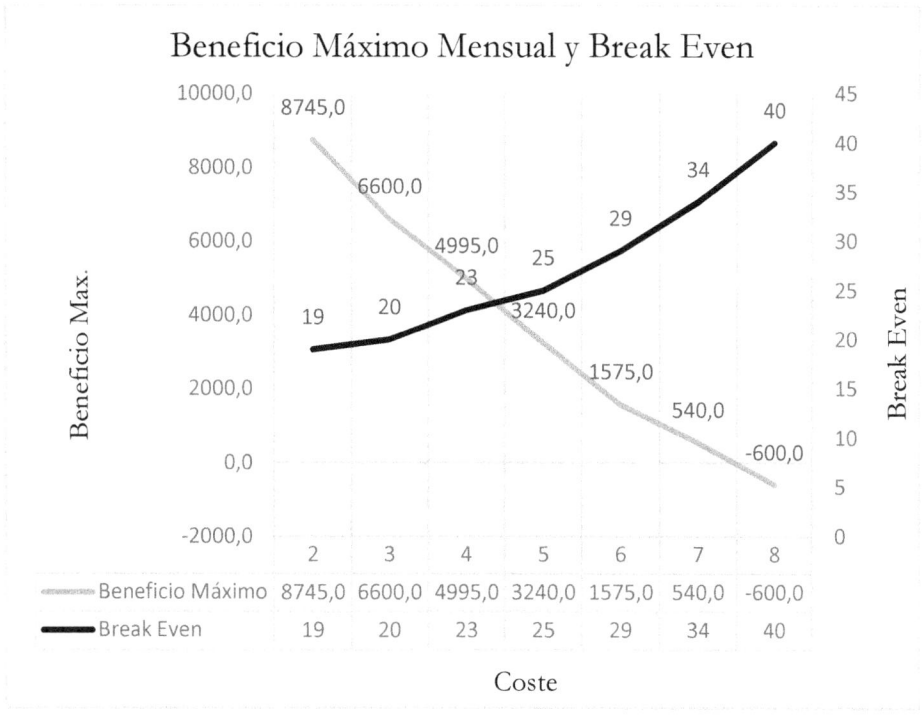

Figura 14. Beneficio máximo y Breakeven al variar el coste.

20 EL ENTORNO MACROECONÓMICO

La microeconomía estudia la conducta de las personas y empresas de forma individual, como consumidores y proveedores. La macroeconomía, estudia el comportamiento del mercado como un todo y sus formas de gobierno y control.

Lo mismo que hemos pensado en el apartado anterior para un producto se puede pensar para toda la economía. En este caso, los ejes siguen siendo el precio y la cantidad, pero en este caso no son el precio y la cantidad de un producto, sino la cantidad de dinero que se mueve en una economía (el PIB o Producto Interior Bruto) y su precio, el precio del dinero, el tipo de interés vigente en el mercado. Las líneas representan la oferta y demanda agregada.

En este diagrama podemos ver fácilmente como las variaciones de oferta y demanda afectan al conjunto de la economía. Es el lenguaje que se emplea en el análisis macroeconómico.

Imaginemos que estamos en el punto (P1, C1). Si quisiéramos que el PIB del país aumentara, deberíamos ir a un punto C2 siendo C2 mayor que C1, ya que la cantidad C que es el PIB, debe aumentar. Esto implica que el nuevo punto de corte de las dos líneas de oferta y demanda se desplaza hacia la derecha del gráfico. Para ello, las rectas, al menos una de ellas, debe desplazarse en esa dirección. Veamos el caso en el que la línea desplazada es la de la demanda. El nuevo gráfico quedaría así:

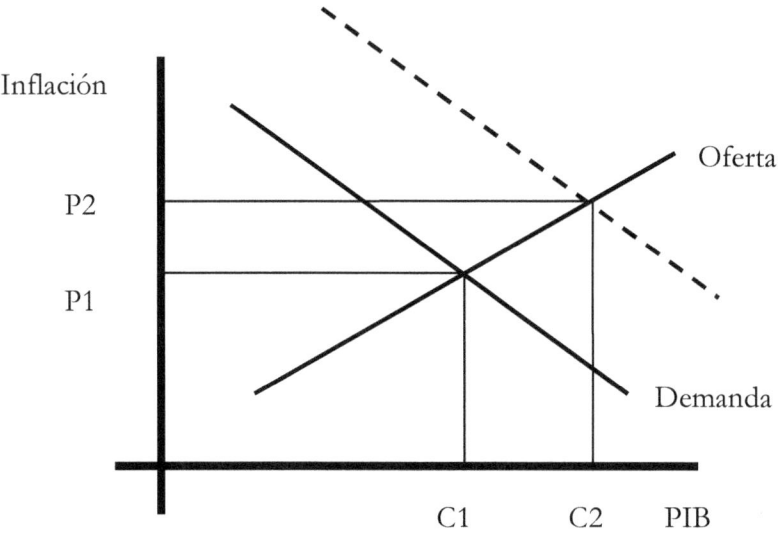

Figura 15. Variación en la demanda agregada.

Observamos que la línea de la demanda se ha desplazado hacia la derecha. Esto es lo que muchos gobiernos tratan de hacer con sus programas de estímulo económico. Tratan de que la demanda "tire" del país. Las familias piden, demandan más bienes y servicios por lo que la cantidad C aumenta. Pero al aumentar la demanda, también aumentan como consecuencia los precios, como puede verse en la gráfica, aumentando la inflación. Este es un escenario normal de aumento de demanda en una economía creciente.

Los gobiernos tratan de estimular la demanda de diversas formas, incluyendo la concesión de créditos. Esto tiene el peligro de su posterior devolución, ya que es verdad que la abundancia de dinero barato aumenta el volumen de la economía, pero su posterior necesidad de devolución probablemente la frene.

Podemos imaginar el caso inverso sin necesidad de dibujarlo de nuevo. Si partiéramos del punto C2 y fuéramos al C1 disminuyendo la demanda, entraríamos en una recesión por descenso de la demanda. Es también un escenario normal, en el que baja la demanda, baja el PIB del país y bajan los precios de los productos y servicios. Por eso, los programas de austeridad producen bajadas sistemáticas del PIB.

También puede ser que lo que cambie sea la curva de oferta. Imaginemos otra vez que partimos del punto C1 y que la oferta agregada de un país aumente, es decir, aumenta la producción nacional.

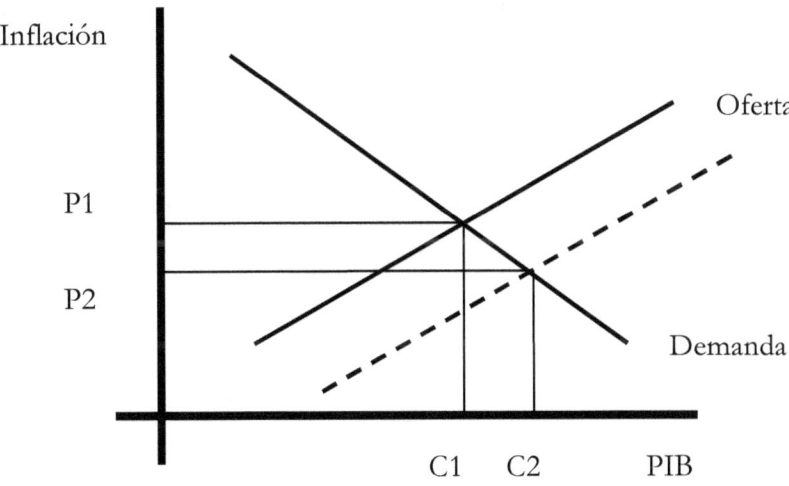

Figura 16. Variación en la oferta agregada.

Al aumentar la producción del país, aumenta la oferta de bienes y servicios. La línea de la oferta se desplaza hacia la derecha. Vemos que la producción aumenta a C2 y los precios, esta vez, caen a P2. Este es el mejor de los escenarios, cuando el país crea riqueza, produce y los precios bajan.

Vemos rápidamente que el caso contrario es el peor de los escenarios, cuando el país reduce su producción de C2 a C1. En este caso, cae el PIB del país y además aumentan los precios. Este fenómeno es conocido como la estanflación y es el peor escenario de una recesión. Esto ocurre cuando el país pierde competitividad y es poco productivo.

21 EL FLUJO CIRCULAR DE LA RENTA

El flujo circular de la renta representa de forma gráfica la actividad del entorno macroeconómico. Los hogares poseen los factores de producción, básicamente fuerza laboral y capital, mientras que las empresas, utilizando estos factores, producen bienes y servicios. Como contraprestación al uso de los factores de producción, las empresas generan salarios que son posteriormente usados para consumir los bienes y servicios que producen.

De esta forma se generan dos flujos en direcciones opuestas, uno de recursos y otro monetario, donde hogares y empresas son a la vez clientes y proveedores.

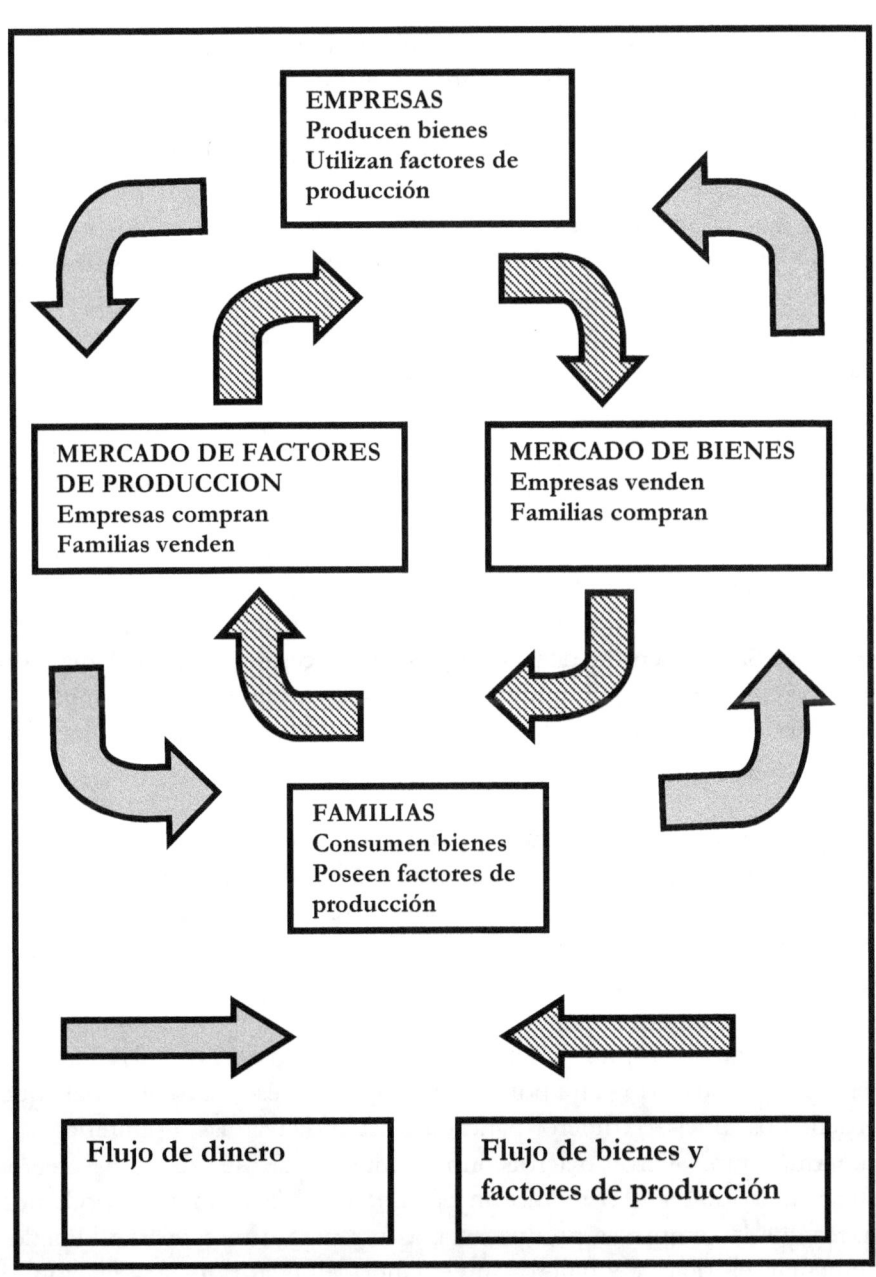

Figura 17. Flujo circular de la renta.

Es interesante observar que macroeconómicamente, el capital está en manos de los hogares. Como ya veremos posteriormente, la inversión que realizan las empresas proviene del ahorro de los hogares. Las empresas ahorran poco ya que su fin principal es repartir beneficios entre sus accionistas, que son también los hogares. La banca, presta a las empresas con el dinero que han depositado los ahorradores, que son los hogares. Todo el dinero proviene de las familias, por eso, cuando el gobierno dice que tal o cual desaguisado no va a afectar al contribuyente… ¿Quién lo va a pagar entonces? El ciudadano, ¡es que no hay nadie más que lo pueda hacer!

En este flujo circular podemos visualizar los efectos de la oferta y la demanda. Se trata de que la economía siga funcionando, de que ese flujo circular siga girando como el gran ciclo de la vida. Es muy parecido a un ente biológico, la sangre tiene que fluir constantemente. No vale que se pare durante un rato y que luego gire al doble de velocidad. Se trata de mantener un flujo constante entre unos márgenes, igual que nuestro corazón. Si se ralentiza demasiado, es una recesión, y si va demasiado rápido unja burbuja que producirá luego una recesión, cuando tenga que asimilar los excesos cometidos normalmente en forma de sobreproducción y deuda adquirida.

Podemos observar que un flujo de recursos hacia un lado produce un flujo monetario hacia el otro, y a la inversa. Esto es interesante ya que no se trata de algo intuitivo. Como consumidores estamos acostumbrados a ver mucha más oferta que la que podemos adquirir. No nos parece que exista escasez de oferta.

Nos gustaría comprar más productos del que nos permite el dinero que tenemos para hacerlo (a mí por lo menos me pasa eso). No hace falta que enseñemos nuestro dinero para que estén llenas las estanterías del supermercado. Pero macroeconómicamente sí se da ese efecto. Enseñando dinero (creándolo, inyectándolo en la economía) podemos hacer que las empresas produzcan más y repartan más salarios. Puedes aumentar el flujo de dinero aumentando el factor de producción o aumentando la demanda, como ya hemos visto al estudiar los gráficos de oferta y demanda.

Aumentar la demanda es, digamos, de fácil solución, aunque solución sólo táctica. Basta con diseñar uno de los llamados "programas de estímulo" que suelen consistir en la creación de dinero por parte del gobierno. Cuando el estado tiene su propia moneda no hay problema, aunque a la larga no funciona porque al no generarse riqueza, lo que se genera es inflación, pero se sale del paso. Cuando el estado no la tiene, que es el experimento en el que estamos metidos, tiene que pedir prestado, primero a la banca comercial y luego al BCE. Y como no lo va a poder pagar, tiene que negociar quitas, rescates y arreglos.

Aumentar la oferta es algo bastante más complicado, es una solución estratégica. Para ello, hay que tener una industria competitiva que fabrique y comercialice productos tan buenos como los de los competidores, y esto requiere mucha planificación, educación, tiempo y dinero.

21.1 Salidas y entradas

El flujo circular está sujeto a salidas y entradas de flujo monetario. Una salida es una fracción de los ingresos familiares que no se gasta en productos o servicios. Una salida puede ser un ahorro, un impuesto o una importación, ya que el flujo circular se refiere a una economía concreta, por ejemplo, de un país.

A su vez una entrada es un gasto en productos o servicios que no provienen de un ingreso generado dentro del flujo circular. Una entrada puede ser una inversión, un gasto del gobierno o una exportación.

Las familias, los hogares, pueden ahorrar parte de sus ingresos. En el momento de hacerlo, se produce una salida del flujo circular. Pero a su vez las empresas pedirán prestado a los bancos para realizar inversiones, las cuales se convierten en entradas al flujo circular. La banca actúa como mediador en el marcado de capitales, haciendo que la oferta de las familias y la demanda de las empresas se iguale.

Debido a ello, macroeconómicamente el ahorro de los hogares será igual a la inversión de las empresas. Por ello es importante que los países tengan cierta tasa de ahorro para poder invertir, ya que de lo contrario hay que pedir prestado al extranjero, lo cual, que aunque no es intrínsecamente malo, aumenta la vulnerabilidad del país.

Ahorrar demasiado puede tener también sus problemas. Esto se conoce como "la paradoja de la austeridad". Siempre hemos pensado que la austeridad es una virtud (yo así lo creo), pero debido a que la actividad económica se basa en el intercambio comercial, hay que mantener el flujo circular de la renta. Si todo el mundo ahorra más de lo necesario, aunque las empresas podrían invertir con ello, no lo harían ya que no habría consumo que lo justificase.

La austeridad de unos implica la de los demás, ya que ni se consumen ni se fabrican tantos bienes y servicios como antes. Como consecuencia, comenzaría una recesión, la cual acentuaría la idea de la austeridad, generando un círculo vicioso. Si en una crisis, gobierno, empresas y ciudadanos se ponen como objetivo reducir gastos e inversiones, la recesión se genera por diseño, ya que el PIB es la suma de esos gastos.

De hecho, en economía se estudia y se intenta determinar el punto óptimo de ahorro que produciría el crecimiento económico máximo, mediante modelos teóricos e implementaciones prácticas.

El gobierno también genera salidas de flujo mediante los impuestos a personas y empresas. De la misma manera genera entradas mediante la inversión pública y las prestaciones sociales.

Por último, las importaciones generan salidas, y las exportaciones entradas. Este efecto puede o no ser nulo, como ya hemos explicado anteriormente. En una economía con tipo de cambio flotante, será nulo. Pero otra con cambio fijo mantenido por el gobierno o en el caso de una moneda única entre países, puede no serlo y provocar salidas de flujo significativas.

El gasto total de un país, es por lo tanto, la suma del gasto de los hogares, el gasto del gobierno y las inversiones de las empresas, y el saldo neto entre importaciones y exportaciones. Es importante identificar cada uno de los componentes para entender las razones del funcionamiento de una economía en concreto.

La suma de todos estos componentes se denomina demanda agregada, y es a lo que se refieren los economistas cuando hablan de la situación económica de un país. Se puede expresar por la expresión:

$$AD=C+I+G+NX$$

Siendo AD la demanda agregada, C el consumo, G el gasto del gobierno, I las inversiones y NX las exportaciones netas. Claramente vemos que un aumento en cualquiera de ellas implica un aumento de la demanda. Cuando esa demanda es satisfecha por la oferta, esa oferta es el Producto Interior Bruto de un país, o PIB.

$$PIB=C+I+G+X-M$$, siendo X las exportaciones y M las importaciones.

Para simplificar, unificaremos los gastos C+G llamándolos solo C.

$$PIB=C+I+X-M$$

$$(PIB-C)-I = X-M$$

Si la diferencia entre exportaciones e importaciones es cero, entonces

$$PIB-C=I$$, que es lo que habíamos planteado anteriormente. PIB-C es el ahorro, lo que produce una economía menos lo que consume, y ahorro es igual a Inversión.

Pero si hubiera diferencias en la balanza nacional, resultaría que:

Ahorro - Inversión = Exportaciones - Importaciones

Es importante observar que el PIB es lo comercializado en una economía. Lo fabricado pero no vendido, no suma al PIB. De la misma manera, se pueden sumar transacciones al PIB que no produzcan nada. Por ejemplo si derribo y reconstruyo mi casa, tanto el derribo como la reconstrucción sumarán al PIB, pero en cambio no he obtenido nada a cambio.

Adicionalmente, he gastado un dinero que podría haber ahorrado, y que podría haberse transformado en inversión. Es decir, que dos PIBs iguales en número pueden significar cosas distintas. Puede haber PIBs iguales que reflejen economías con distinto grado de productividad, y que darán como resultado distintos índices de crecimiento futuros. En el caso de España, un PIB que recogía un gran porcentaje debido a la construcción no ha podido ser mantenido en el tiempo.

El PIB tampoco recoge disminuciones de activos del entorno, como pueden ser la contaminación o la desertización. El PIB tiene sus problemas. Es difícil asumir que aporte lo mismo al PIB una fábrica que produce comida, que otra que produce veneno.

Existen muchas organizaciones actualmente que estudian alternativas al PIB como medición del desarrollo de una economía, entre otras cosas para incorporar beneficios no medibles económicamente. Uno de los grandes problemas de nuestra sociedad rica es que nos seguimos comportando como cuando éramos pobres. Si no tenemos lo suficiente para comer, no habrá más remedio que dedicar todos nuestros recursos a generar alimentos para poder subsistir, esto es obvio, pero cuando tiramos a la basura el 50% de nuestra producción de alimentos parece también obvio que hay que empezar a buscar otros rumbos.

No todo puede ser medido de forma dineraria. ¿Cómo asignar valor por ejemplo al tiempo libre para leer? A nivel personal lo hacemos, pero a nivel macroeconómico no, y por lo tanto, si no lo identificamos como objetivo, no lo perseguiremos ni por lo tanto lo alcanzaremos.

El establecimiento de objetivos es fundamental. Si no los establecemos, consecuentemente no los alcanzaremos. Pero si nos equivocamos al establecerlos (por ejemplo como resultado de un error de tipo 3), los perseguiremos ciegamente aunque su consecución haya dejado de tener sentido. A lo largo de los años he observado este hecho de forma reiterada. Veo como en la dinámica empresarial es muy típico implementar tareas para conseguir determinados resultados, pero muy poco frecuente desactivarlas cuando ya han realizado su función.

Simplemente, se adoptan mediante la costumbre y se hacen permanentes. Por lo tanto, cuando se establecen objetivos, es fundamental someterlos constantemente a un proceso de revisión. ¿Es este objetivo todavía un objetivo válido? ¿Ha cambiado en algo? ¿Hay que suspenderlo?

Otras civilizaciones ya pagaron el precio del crecimiento desmedido y sinsentido, fruto del establecimiento de objetivos equivocados. Los habitantes de la isla de Pascua generaron mucho PIB en forma de cabezas de piedra, pero no restaron los efectos de la deforestación y se extinguieron. Otros pueblos constructores de pirámides sucumbieron por dedicar demasiados recursos a algo que a la larga no era tan importante (aunque reconozco que impresionante).

Como explican algunos historiadores y antropólogos (Colapso, Diamond, J. 2005), en ocasiones, las civilizaciones sucumben por equivocarse en sus prioridades. Y el objetivo del crecimiento del PIB puede ser la nuestra, ya que nuestras necesidades actuales no tienen nada que ver con las que tenía la sociedad a principios del siglo anterior, ni vivimos en un estado de carestía de bienes, ni parece que este camino vaya a ser la forma de conseguir el pleno empleo.

23 GOBERNANZA

No obstante y tal como funciona el mundo, los gobiernos deben tratar de hacer crecer el PIB, es decir, la riqueza que produce ese país o sociedad en concreto, sobre todo cuando se viven periodos de carestía. Un crecimiento de por ejemplo un 2% al año, genera un aumento de la riqueza disponible a lo largo de un siglo del orden de siete veces, ya que

$$(1,02)^{100} = 7,24.$$

Además, en nuestro sistema socioeconómico, en cuanto el PIB deja de crecer empieza a crecer el desempleo. Es decir, que hace falta una tasa de crecimiento mínima para justo mantener el empleo, a partir de la cual, en caso de descender, aumenta el paro.

Esto, en una sociedad digamos, menos sofisticada, sería una buena noticia: hace falta trabajar menos porque ya tenemos las necesidades cubiertas. Pero en la nuestra es un problema ya que esa falta de necesidad de trabajar no se reparte entre todos sino que toda ella se la lleva un porcentaje de la población, que son los parados.

Todavía no hemos sabido solucionar este problema de repartición del ocio, aunque históricamente sí que se ha hecho. Hasta hace pocas décadas, se trabajaban muchas más horas al día que ahora. No había festivos, y el concepto de vacaciones no existía. Evidentemente, sí hemos evolucionado en esa línea y no hay ningún motivo para que no lo sigamos haciendo. Se trata como siempre, de generar ideas innovadoras y ponerlas en práctica.

Pero volviendo al tema que nos ocupa, el camino más fácil es hacer crecer el PIB. Si se logra eso, todo va bien, y es una de las principales preocupaciones de los gobiernos. Los gobiernos aplican políticas de desarrollo y control de la economía que incluyen las políticas fiscales y monetarias, innovación, investigación y desarrollo, liberalismo y proteccionismo, así como acuerdos comerciales internacionales, entre otros.

Actualmente el pensamiento ortodoxo en la sociedad occidental es el pensamiento liberal, aunque esté cuestionado por muchos.

Este pensamiento liberal se materializa en la generación de la estrategia de un país. La estrategia, en sentido amplio, es el cometido del gobierno. El resultado de la estrategia, está magistralmente resumido por Sun Tzu:

"El arte de la estrategia es de importancia vital para el país. Es el terreno de la vida y la muerte, el camino a la seguridad o la ruina".
Sun Tzu

En nuestro mundo globalizado podemos encontrarnos con que una receta única, una estrategia única, no produce los mismos resultados para todos los integrantes de esa globalidad. Esto parece una afirmación obvia, pero entonces nos deberíamos preguntar por qué lo hacemos.

En su libro "Retirar la escalera", el economista Ha-Joon Chang realiza un repaso desde una aproximación historicista del desarrollo económico de diversos países hoy en día considerados como desarrollados. Este estudio pretende contrastar la evidencia histórica con las teorías económicas vigentes con el fin de intentar obtener conclusiones, o por lo menos, provocar un cierto debate que se salga de las líneas generales de pensamiento que hoy en día se basan casi únicamente en el pensamiento ortodoxo neoliberal.

El enfoque historicista permite estudiar el proceso de cambio en la formulación de teorías, y es de amplia aplicación en diversas disciplinas sociales y científicas, enfatizando el proceso de cambio, más que la teoría vigente en cada momento histórico.

La tesis de Chang es clara: los países desarrollados no han seguido una conducta liberal durante todas las fases de su desarrollo. Incluso, como afirma en otro libro José Luis Sampedro, algunos países desarrollados nunca fueron países subdesarrollados. Chang propone que para poder desarrollar una industria competitiva, los países en desventaja deben ejercer cierto grado de proteccionismo, y justifica su argumentación con profusión de datos relatando qué países y en qué épocas utilizaron barreras tarifarias y subvenciones para generar o aumentar su capacidad competitiva.

Y lo que es peor, las recetas que los países desarrollados, o quizá mejor dicho, los más aventajados, están ofreciendo al resto del mundo no son las que ellos aplicaron en su momento para su propio beneficio. De esta forma, estos países están "retirando la escalera" del crecimiento al resto, haciendo que la brecha competitiva se agrande o al menos se mantenga. Según la historia, el liberalismo puede ser muy conveniente cuando eres muy competitivo o entre iguales, pero en caso de no serlo, no ofrece sino desventajas, para las cuales es necesario protegerse. El discurso anti-proteccionista o liberal es el mensaje de los países aventajados hacia los desaventajados, para beneficio de los primeros. Y de esto, hay que ser consciente, consciente de quién envía ese mensaje, y consciente de cuál es nuestra posición competitiva.

Esta línea de argumentación tiene muchos paralelismos con la situación socioeconómica de la Unión Europea. A priori todos los países integrantes son países desarrollados, suficientemente iguales, pero parece también evidente que las cosas no han funcionado como era de esperar.

Parte del problema podría ser debido al hecho de que la capacidad competitiva de los países integrantes no es similar, al contrario de lo que nos han hecho creer. La Europa de las dos velocidades, rechazada finalmente, tenía su razón de ser. La moneda única ha retirado la última posibilidad de protección de los países menos competitivos, la independencia de sus bancos centrales, y con ella, el cordero queda a merced del lobo, como así parece que está sucediendo. Y claro, el lobo es carnívoro.

Si la tesis de Chang es cierta o tiene al menos algunos componentes ciertos, el problema necesitará mucha innovación para poder ser solucionado. Existen dos formas de generar crecimiento económico, como ya hemos estudiado, aumentar la oferta o la demanda. Aumentar la demanda bajo programas de estímulo solo tiene efectos a corto plazo.

La generación de oferta, es bastante más complicada, es estratégica. Para ello, hay que tener una industria competitiva que fabrique y comercialice productos tan buenos como los de los competidores. Y aquí es dónde dice Chang que esto no ocurre si no se protege a las industrias nacientes. Los proyectos llamados de "sustitución de importaciones" han tenido importantes fracasos histórica y geográficamente. Los productos fabricados no lograban pasar de la mediocridad.

Esto nos pone directamente a pensar cómo proteger nuestra industria, y a establecer una importante diferencia entre lo que significa una ayuda o subvención para proteger meramente la existencia de esa industria, o para que realmente se desarrolle y alcance la excelencia. Este punto es muy importante, ya que casi todo el mundo estará de acuerdo, desde la perspectiva del comprador, que no quiere verse obligado a adquirir un bien de calidad inferior (de esto existe abundante constancia histórica) Pero en cambio esta actitud puede ser estratégica para que esa industria, comunidad o región, alcance la ventaja competitiva que necesita.

Y aquí viene la segunda parte de importancia radical. Hace falta un plan bien diseñado con objetivos claros, entendido por todos, para poder completar la primera fase con rapidez, y el papel del gobierno, en el sentido profundo de lo que significa la palabra gobernanza, es fundamental. Y es aquí donde la honestidad de la clase política juega un papel estratégico para realizar un trabajo a largo plazo con poca visibilidad pero de muy profundo calado.

La protección o subvención no es capaz por si misma de generar industrias, incluso puede retrasar la velocidad de reconversión industrial, pero parece necesaria como instrumento si se tiene claro el objetivo al que se quiere llegar. Muchos gobiernos de países asiáticos lo entendieron en las últimas décadas, estableciendo políticas industriales, comerciales y tecnológicas que han permitido un desarrollo sin precedentes como es un ejemplo Corea de Sur. Y esto empieza por el establecimiento de políticas de ciencia y tecnología, apoyo a la educación y a la investigación.

La subvención es buena cuando refleja una inversión, cuando se van a obtener retornos de ella porque está protegiendo una industria en fase de desarrollo, que algún día producirá beneficios. En su defecto, está manteniendo un negocio poco competitivo o dicho de otra forma, está sacando recursos del mercado que podrían ser más competitivos si desarrollaran otra industria. Además, mantener un sector poco competitivo requiere otro más competitivo que lo pague.

Debemos ser capaces de discernir cuando la subvención tiene sentido y cuando no y actuar en consecuencia.

23.1 INFLACIÓN

La inflación es uno de los grandes problemas para mantener la estabilidad de una economía. Si el mercado detecta que el dinero se mueve con alegría, es decir, que hay demanda, tiende a subir los precios. El crecimiento real será el crecimiento bruto menos la tasa de inflación. Si ésta crece mucho, el valor de nuestros activos caerá y esto genera inestabilidades y riesgos en el mercado, y a la economía no le gusta la incertidumbre.

Además, un crecimiento de la inflación que no es acorde con el crecimiento de la economía provoca de forma irremediable una devaluación de la moneda del país en cuestión, ya que la masa monetaria refleja el valor de la producción de esa economía. Así pues, la misión principal del banco central de un país es controlar la inflación.

Como ya hemos visto anteriormente cuando estudiamos los gráficos de oferta y demanda, la inflación crece tanto al aumentar la demanda agregada como al disminuir la oferta agregada. Un aumento de la demanda se puede producir cuando el dinero está barato o cuando el gobierno implementa una política de estímulo inyectando dinero al mercado.

Este tirón de la demanda y ese dinero circulante pueden de hecho estimular la economía de forma permanente, aumentar el PIB, pero se generará inflación anulando el efecto en cierto plazo, por lo que quizá haya que hacerlo más veces. Es una aproximación de la política Keynesiana, en la que el gobierno interviene para relanzar la economía cuando ésta se ralentiza.

No obstante, cada país, de acuerdo con sus capacidades productivas y su situación en el mercado internacional puede gestionar esta política con distintas perspectivas, y los casos no pueden ser siempre comparables. Por ejemplo, Estados Unidos tiene facilidades para hacer esto ya que las deudas que tiene contraídas con el resto del mundo son en su propia moneda, y esto no es el caso habitual. Lo normal es deber en la moneda del país acreedor. Cuando debes en moneda del país acreedor y tu economía es muy inflacionaria, tu moneda se devalúa y cada vez debes más (en unidades de moneda local). Si la diferencia de productividad entre los países se agranda, cada vez debes más en valor absoluto.

El caso de Estados Unidos es peculiar, ya que al deber en su propia moneda, para pagar no tiene más que imprimir billetes, eso sí, legales. Imprime y paga. El dólar cada vez vale menos, pero como paga en dólares, no le afecta y sigue adelante.

La otra forma de que aumente la inflación es el retroceso de la oferta. Esto es normalmente causado por un aumento de los costes de producción, de materias primas, de salarios, o de los dos. El problema con el descenso de la oferta es que además de aumentar la inflación disminuye el PIB. Es la temida estanflación.

23.2 ESTABILIDAD ECONÓMICA Y POLÍTICAS DE GESTIÓN DE DEMANDA

Los gobiernos necesitan, tal como hemos introducido anteriormente, controlar el estado de la economía, tanto presente como futura. La finalidad es mantener un crecimiento sostenido, tan grande como se pueda, pero sostenible. Es decir, que si se produce un gran crecimiento súbito sin base real, es decir, una burbuja, el gobierno tratará de "enfriar" la economía ya que si no se producirá después una recesión. Es mejor crecer poco pero continuamente que con altibajos. Si en cambio se produce un estancamiento, el gobierno intentará estimular la economía.

A continuación hablaremos sobre la gestión de la demanda. Puedes revisar los diagramas que vimos anteriormente. Posteriormente hablaremos de la gestión de la oferta.

Para controlar la demanda, los gobiernos utilizan las herramientas denominadas políticas fiscal y monetaria, las cuales influyen sobre el gasto del gobierno, los impuestos y el tipo de interés respectivamente, como veremos a continuación.

23.3 POLÍTICA FISCAL

Con el fin de estimular la demanda, el gobierno puede realizar inversiones. Estas son realizadas en áreas tales como la Seguridad Social, la Sanidad, los Servicios Sociales, obras públicas, defensa y otros. El gobierno también puede regular el nivel de impuestos. Estos dos mecanismos constituyen la política fiscal. Controlándolos el gobierno puede impulsar o frenar la marcha de la economía.

No es la finalidad de este libro entrar en detalles, pero es interesante conocer que, ya que todo lo invertido por el gobierno no es directamente gastado por las familias, sino que parte es ahorrado, un aumento equivalente de los impuestos no da un resultado neto de cero. Es decir, que el gobierno puede invertir y aumentar los impuestos, pero parte de esa inversión permanece una serie de ciclos en el flujo circular.

Lógicamente, los presupuestos del gobierno se basan en los impuestos por lo que si las necesidades de inversión requeridas superan la capacidad de recaudarlas, el gobierno se ve abocado al endeudamiento.

En situaciones de recesión prolongada, una política fiscal basada en el endeudamiento puede tener consecuencias muy graves para un país en el largo plazo, debido a que, además del déficit acumulado que habrá que devolver, la economía puede perder competitividad al contar con la inversión (subvención) del gobierno de forma mantenida. Se trata de buscar un compromiso entre solucionar un problema ahora y diferir otro para el futuro. Por eso, es importante que los gobiernos inviertan en I+D lo cual garantiza un crecimiento interno futuro.

23.4 Política monetaria

La política monetaria es la otra herramienta para gestionar la demanda. Es de mucha importancia, tanta, que cada vez que se anuncia un cambio suele ser titular de la prensa y los telediarios.

El impacto de la política monetaria en la economía es complejo. Para entenderlo, hay que entender primero como funciona el mercado del dinero, qué es el dinero, cómo lo pide el mercado y cómo le es entregado.

Como ya lo hemos avanzado previamente, el mercado del dinero es un mercado más. El dinero tiene un precio, que es su tipo de interés. Y la gestión de este tipo de interés por parte de la entidad correspondiente, normalmente el banco central, constituye el centro de la política monetaria.

Cuando el tipo de interés es bajo, tenemos más motivos para pedir un crédito. Si pedimos para gastar, nos saldrá más barato. Si pedimos para invertir, tenemos la posibilidad de conseguir mejores retornos de la inversión. Al bajar el tipo de interés, aumenta la cantidad de dinero que se pide en forma de préstamos, como ocurriría con cualquier otro tipo de bien o de servicio.

Esto tiene su importancia ya que afecta a la cantidad de dinero en circulación. En el mercado, hay una cierta cantidad de dinero que constituye la base monetaria, y que son los billetes impresos y las monedas acuñadas. Pero además, hay una cierta cantidad de dinero en forma de apuntes contables y que se genera al pedir un crédito. Al pedir un crédito, se crea dinero. Al cancelarlo, se destruye ese dinero contable.

El funcionamiento, aunque no es intuitivo, es bastante sencillo. Yo puedo ingresar 1.000€ en el banco. Si el banco piensa que no voy a sacar ese dinero en cierto plazo, puede prestarlo todo o parte. Las leyes de cada país definen que fracción de ese depósito puede prestarse. Es lo que se llama el coeficiente de caja. Otra persona puede pedir un crédito, de por ejemplo 100€. En este momento, hay 1.100€ en el mercado para ser usados, 1.000€ reales y 100€ creados mediante crédito, que también son reales, ya que el sistema legaliza este proceso.

Incluso esos 100€ creados se podrían ingresar en otro banco comenzando así otro proceso. De esta forma, al bajar el tipo de interés, el precio del dinero, se aumenta el volumen de dinero en circulación. Este efecto es lo que se llama multiplicador del dinero.

Podemos observar que además del tipo de interés, el efecto multiplicador depende de dos factores adicionales; la cantidad de dinero depositado en el banco por los particulares, y el coeficiente de caja, el porcentaje de dinero real que tiene que guardar el banco frente al que presta. En la Unión Europea este coeficiente ha estado al 1% o 2%.

Evidentemente, que todos los clientes de un banco vayan a retirar su dinero no tiene sentido dentro del diseño de la banca moderna. Hay mucho más dinero en forma de apuntes contables que de base monetaria.

De esta forma podemos ver cómo la banca, junto con la gestión del gobierno, proporcionan dinero al mercado, o la oferta. Ahora debemos preguntarnos las razones por las cuales el mercado pide dinero, es decir, la demanda.

23.5 Demanda monetaria

Que el mercado pida dinero no significa que las personas ganen directamente más. El dinero se pide para atender a ciertas necesidades financieras, que básicamente son de tres tipos:

Necesidades transaccionales: necesitamos disponer de dinero líquido para atender a ciertos pagos diferidos en el tiempo. Si pagamos en el momento de recibir el dinero, no tenemos necesidad de almacenarlo. Pero si pagamos después, necesitamos guardarlo en forma líquida de alguna forma. También si necesitamos pagar antes, tenemos que pedirlo en forma de préstamo.

Las empresas, también necesitan mantener grandes cantidades de dinero líquidas, lo que constituye el fondo de maniobra, para poder seguir funcionando hasta que cobran por las ventas. Ya vimos que el beneficio contable es un ejercicio distinto al de la gestión de la tesorería.

Necesidades de seguridad: en ocasiones almacenamos dinero por si acaso tenemos necesidad de él, por si surge un imprevisto. Hay ciertas épocas en las que la ciudadanía almacena más dinero de forma líquida.

Inversiones monetarias: puede que en determinados momentos invertir en renta variable sea percibido como demasiado arriesgado. Entonces podemos acumular dinero en metálico o en depósitos. Acumular dinero tiene poco riesgo, su valor sólo disminuye debido a la inflación (o al riesgo de una devaluación de la moneda en ese país).

Cuando los mercados son inestables, los ciudadanos tendemos a vender los activos que tenemos en ese mercado e invertir en otros mercados más prometedores. Podemos desinvertir en bolsa e invertir en inmuebles, o al revés, de acuerdo con los riesgos y expectativas de cada mercado. Si toda la economía está en recesión, es decir, se espera que toda valga menos en el futuro, tendemos a desinvertir en todo y guardarlo en dinero, o en bienes básicos de referencia como es el oro.

En la actual recesión, guardar dinero líquido en una cuenta corriente tampoco es totalmente seguro, ya que por ejemplo una hipotética salida de España de la zona euro significaría una reconversión de los euros acumulados por los ciudadanos a pesetas y su inmediata devaluación. Es decir, que de golpe se podría perder un porcentaje muy importante, se estima en un 35%, frente al euro, ya que no te dejarían recuperar tus euros (es el llamado corralito).

Por ello, el oro ha aumentado tremendamente de precio, ya que es una referencia de valor universal. También han aumentado los depósitos en países de reconocida solvencia, e incluso sus bolsas.

Todo esto hace que la demanda de dinero sea variable. Si hay demanda, subirá el tipo de interés y esto hará que los ciudadanos realicen depósitos para ganar ese interés hasta equilibrar los mercados, y a la inversa.

23.6 Oferta monetaria

El gobierno, por otra parte, gestiona la oferta monetaria.

Como hemos visto, la oferta de dinero se compone del dinero en circulación, más el dinero y los depósitos bancarios. Para controlar esto, el gobierno puede actuar sobre los mecanismos que producen el multiplicador monetario que genera dinero a crédito, aumentando el coeficiente de caja. También puede regular el número de billetes y monedas en circulación, o base monetaria.

Para realizar esto último, el gobierno puede emitir bonos consiguiendo una transferencia de fondos de los bancos comerciales al banco central. De esta forma, se reduce el dinero en circulación y se disminuye el efecto multiplicador crediticio.

También se puede realizar la maniobra inversa cuando se necesite. El banco central puede imprimir billetes y comprar los bonos existentes, inyectando dinero en el sistema y relanzando el efecto multiplicador.

El banco central puede imprimir dinero y comprar cualquier tipo de activos, con el fin de relanzar la economía o incluso salvar a la banca. Puede comprar activos sin valor contra dinero impreso. En Estados Unidos existe una maniobra, llamada "quantitative easing" que traducido de alguna manera podría significar "facilitar que haya más" (más dinero), en la que básicamente La Reserva Federal (el banco central) compra unos activos que le venden los bancos (o el propio gobierno) y los paga imprimiendo dinero.

De esta forma se inyecta dinero en el mercado. Si hace falta en el futuro, la Reserva Federal podría vender los fondos de vuelta al gobierno o a los bancos, retirando dinero del mercado. Si no, simplemente se amortizan y se cancelan. Es una manera elegante de simplemente imprimir literalmente dinero, ya que muchos de esos activos tienen poco valor (por ejemplo, hipotecas basura).

A esto se refería el gran economista Milton Friedman como "lanzar dinero desde un helicóptero". El gobierno lanza dinero a la economía.

Como siempre, el problema con esto es que genera inflación. El dinero vale menos y por lo tanto los ahorradores y pensionistas pierden valor. La inflación la pagamos todos, pero no de igual manera. Los deudores ganan, ya que el valor de lo que deben es menor. Ya sabes, si prevés inflación, es mejor estar endeudado (pero a un tipo fijo y bajo). Pero recuerda, endeudado para invertir en proyectos que generen valor, por ejemplo, aprovechar para comprar casa. El mejor escenario para esto es cuando el tipo de interés real (interés menos inflación) es negativo.

A la inversa también funciona. Si estás endeudado y podrías generar inflación disminuirías tu deuda. Pero, ¿Quién puede hacer esto? Los gobiernos. Los gobiernos pueden generar inflación inyectando dinero al sistema y de esta forma reducir su deuda. Para vigilar esto están los bancos centrales, en teoría independientes, pero influidos por los gobiernos hasta las trancas. Ya ves, que lío.

Con el tiempo, los gobiernos vieron que lo más fácil para controlar la masa monetaria era la fijación del tipo de interés. Entonces, éste pasaba de ser la variable dependiente, a ser la independiente. Se fija el tipo, y como consecuencia se modifica el punto de equilibrio entre demanda y oferta. Si hace falta estimular la economía, se baja el tipo de interés y como resultado los ciudadanos y empresarios se animan a pedir prestado. Y a la inversa.

Esto ha permitido que los mercados sean mucho más estables. El problema ha aparecido cuando los tipos de interés han llegado hasta cerca del cero. Entonces no se pueden bajar más los tipos para estimular el mercado y hace falta inyectar dinero como hemos explicado con la maniobra del "quantitative easing".

Como resumen podemos indicar que las políticas de gestión de la demanda son dos, la política Fiscal y la política Monetaria. Muchos economistas dedican su labor profesional a su estudio. Los defensores de las virtudes de la política fiscal son los llamados Keynesianos, debido a los trabajos del gran economista Keynes. Los defensores de la política monetaria, son los monetaristas. No hace falta ser economista para ver que las dos aproximaciones tienen su utilidad.

23.7 Crecimiento Económico y Políticas de Gestión de Oferta

La teoría nos dice que las políticas de gestión de demanda puestas en práctica por el gobierno pueden hacer que aumente el producto interior bruto pero también aumentarán la inflación. Entonces, el banco central tratará de disminuirla, provocando un descenso del PIB. Este es el juego permanente entre aumentar el PIB y controlar la inflación.

Para aumentar el PIB sin que aumente la inflación solo son válidas las políticas de gestión de la oferta. Esto se ve en la gráfica de oferta y demanda pero a su vez es muy intuitivo. Al fin y al cabo, todos los bienes y servicios de los que disfruta una sociedad, a excepción de los que roba o brotan del suelo, son producidos por el trabajo de sus ciudadanos. A mayor productividad de las sociedades, mayor cantidad de bienes y servicios producidos.

Entonces, la pregunta es cómo conseguir esa mayor productividad. Podemos pensar que esto se puede hacer incrementando los factores de producción como son la tierra, la mano de obra, el capital y las empresas, y también las mejoras en los procesos, la productividad en general.

Un aspecto de fundamental importancia es la velocidad de crecimiento de la economía. De hecho, el factor más importante para medir una economía es su crecimiento, el porcentaje de variación del PIB entre dos periodos de tiempo, normalmente un año.

El crecimiento económico, tal como tenemos nuestra socioeconomía diseñada, es fundamental para que las cosas vayan bien. Implica que exista casi pleno empleo, que se acometan proyectos, que el flujo circular del dinero aumente y que seamos todos más ricos y tengamos más cosas. Lo importante de este modelo no es lo que tenemos ahora (que también), sino que las expectativas sean mejores para el futuro, lo que nos hace mover el flujo circular con alegría y determinación. A veces con una alegría naif. Y no la cuestiones porque te llamarán pesimista y agorero.

Esto parecería Jauja si no fuera porque el desarrollo económico creciente implica, hoy por hoy, un consumo de recursos, energía y gestión de los desechos insostenible, aparte de que el propio sistema nos quita todos nuestros ingresos debido al equilibrio oferta-demanda. Además, un modelo social basado en el crecimiento perpetuo no es científicamente muy elegante. Pero, ¿quién dijo que el modelo deba de ser científico, o elegante? Podríamos diseñar otros modelos, pero estamos en éste, por lo que seguiremos estudiándolo.

La teoría nos dice que cuando los salarios de los trabajadores aumentan al mismo ritmo que la inflación, la oferta de mano de obra se vuelve totalmente inelástica, representada por una línea vertical en el diagrama de oferta y demanda. Este fenómeno no es muy intuitivo.

Recordemos que en el diagrama de oferta y demanda macroeconómico, la oferta es una línea ascendente. La oferta relaciona la producción agregada con el tipo de interés, a mayor interés obtenido por los proveedores, mayor producción ofrecida. Pero si el interés obtenido no varía, tampoco lo hará la producción ofrecida. El interés real no varía ya que la inflación de precios y de mano de obra la anula. Debido a ello, la producción se transforma en una línea vertical.

Siendo esto así, al aumentar la demanda sólo resultará en un aumento de la inflación, por lo que se hace necesario aumentar la oferta corriendo la línea vertical hacia la derecha. Esto básicamente se consigue en el largo plazo mediante mejoras en la productividad de un país, comenzando por la educación a todos los niveles y la inversión en investigación y desarrollo, así como en la mejora de las capacidades comerciales, acceso a mercados y acuerdos internacionales.

Como principal objetivo, las empresas deben reducir los costes marginales de producción, que son los costes de la última unidad producida. Al contrario de lo que solemos pensar intuitivamente, cuando una empresa crece más que lo que permite su diseño, comienza a incurrir en costes adicionales. A partir de ese momento necesita realizar inversiones para bajar los costes medios y acceder a mercados más grandes. A modo de ejemplo, podemos ver que si tenemos un camión capaz de transportar 100 cajas y nos pidieran 101 cajas, necesitaríamos dos camiones, y no nos sería rentable hacerlo. Si nos viéramos obligados, posiblemente incurriríamos en pérdidas.

Debido a ello necesitamos aumentar la productividad y la eficiencia para poder producir más. Hay dos teorías que explican cómo conseguir mejoras en la productividad: la teoría neoclásica o de crecimiento exógeno, y la teoría del crecimiento endógeno.

23.8 Teoría Neoclásica de crecimiento

La teoría clásica del crecimiento se denomina exógena debido a que acepta que el modelo de crecimiento depende de hechos externos a él, como son por ejemplo el desarrollo tecnológico.

Podríamos pensar que aumentando la mano de obra se aumentaría la producción total, aunque el modelo nos dice que al pasar de cierto punto se produce un decrecimiento en los rendimientos, llamada la ley de crecimientos decrecientes.

Thomas Malthus predijo por ejemplo, que añadiendo más trabajadores a una economía, manteniendo el capital, es decir, la tierra y los medios, provocaría en el largo plazo la hambruna de sus habitantes. Esto no se ha observado todavía, en parte debido a que la tecnología en forma de abonos, insecticidas y métodos, además de los aumentos de capital en forma de maquinaria han permitido aumentar la productividad, lo cual no quiere decir que no se produzca en el futuro. Incluso podría suceder de forma abrupta si ocurriera un desastre de tipo biológico que produjera una reacción en cadena precisamente en la cadena alimentaria.

La teoría neoclásica predice límites al crecimiento. Robert Solow desarrolló un modelo de crecimiento que finaliza en un estado estacionario. También, como hemos visto con anterioridad, predice un punto en la cantidad de ahorro y por lo tanto de inversión, que maximiza el desarrollo económico, a partir del cual el crecimiento disminuye.

La teoría clásica también predice que al aumentar el volumen de capital por empleado de una economía, esto es, en una economía avanzada, será más difícil hacerlo crecer que en otra economía menos desarrollada, por lo que las economías de varias zonas deberían ser convergentes.

Este fenómeno tampoco se observa. Los países desarrollados crecen a mayor ritmo medio que los más desaventajados, como describe la tesis de Chang vista anteriormente.

Todo esto no quiere decir que la teoría neoclásica sea incorrecta, sino que hay muchos más factores en juego que no se contemplan en los modelos, como puede ser por ejemplo las barreras proteccionistas.

23.9 Teoría Endógena del Crecimiento

La teoría endógena del crecimiento difiere de la exógena en que tiene en cuenta los retornos y acumulación del capital. Este capital, puede ser incluso capital intelectual. Todavía se contempla la ley de rendimientos decrecientes, que decía que la acumulación de capital alcanza un punto en el que deja de producir crecimientos pero incluye un concepto nuevo, que es que este capital produce externalidades. El concepto de externalidad, muy utilizado en economía, quiere decir que una acción en un área tiene repercusiones en otra. Por ejemplo, se pueden realizar avances en el área de las telecomunicaciones y conseguir que éstas mejoren y sean más rápidas. Pero esto puede ocasionar el surgimiento de la Internet y con ella unos mercados totalmente nuevos y no visualizados en el propósito inicial de mejorar los elementos de las redes de telecomunicaciones.

Como resultado, una nueva economía surge. Es importante mencionar que las externalidades pueden ser positivas o negativas, como sería un ejemplo la contaminación.

Las políticas de ciencia y tecnología de un país, esto es, la participación del gobierno, juega un papel primordial en el modelo endógeno. Este modelo da entrada a la gestión como base del desarrollo, a la innovación y al emprendimiento. No se basa sólo en recursos de entrada, como el modelo neoclásico, sino en cómo se gestionan estos recursos. El modelo sociopolítico de un país es fundamental para el desarrollo de la economía. Entramos en lo que podemos llamar socioeconomía.

Obviamente la gestión del desarrollo se basa en el conocimiento, y éste, en la educación. Por ello, los gobiernos se afanan en mejorar la educación de sus ciudadanos como herramienta para conseguir un mayor desarrollo económico. Si la educación falla, falla la base de todo el edificio del conocimiento. Una economía no puede ser competitiva con una población pobremente educada.

En el caso de España, con un fracaso escolar del 30%, el problema está perfectamente identificado. Va a ser difícil aumentar la competitividad del país mientras tengamos un sistema educativo que no funciona. A su vez, el mix de graduados que genera un país también debe ser gestionado. En gran parte de los países occidentales se está observando que el número de graduados en Ciencia, Tecnología, Ingeniería y Matemáticas está decayendo a niveles que no garantizan la continuidad para cubrir nuestras necesidades de consumo tecnológico.

Las razones no están claras, y las soluciones evidentemente tampoco, pero todo parece indicar a una combinación entre percepción de la realidad (nos parece que nuestro mundo tecnológico no va a cambiar), y las motivaciones personales (estudiar ciencias es difícil y no compensa).

En el capítulo titulado Gobernanza, se explicó como los gobiernos pueden diseñar herramientas para estimular y proteger el desarrollo económico y tecnológico de un país. Aunque el concepto de innovación arranca con Schumpeter en los años 1880, es todavía uno de los pilares del desarrollo económico. La innovación puede implementarse de muchas maneras, incluyendo la innovación social. La creación de clústeres tecnológicos o la cogestión empresarial entre socios y sindicatos, son ejemplos de innovación social.

24 GLOBALIZACIÓN

El concepto de globalización hace ya mucho tiempo que está entre nosotros. Podemos decir que lo hemos incorporado a nuestra vida cotidiana. Sabemos que vivimos en un mundo globalizado, aunque no tenemos tan claro cuáles son sus implicaciones ni por qué genera a veces sentimientos antitéticos.

En principio, no hay razones para renegar de la globalización. A fin de cuentas, poder viajar a cualquier lugar del mundo, poder acceder a productos fabricados en cualquier lugar y a su vez vender los nuestros allí donde queramos, parece ventajoso. Ya sabemos que esto presentará nuevas oportunidades y nuevas amenazas tanto a nivel personal como empresarial, pero no tienen por qué ser más disruptivas que las que ya hemos tenido a lo largo de la historia.

No obstante existe un sentimiento anti-globalización que a veces nos resulta difícil de definir. Esto es debido a que nos referimos a un tipo específico de globalización, la globalización del liberalismo radical anglosajón y sus implicaciones en el flujo mundial de capitales. Esto no es sólo un concepto económico, ya que también afecta a las culturas de las distintas sociedades, a sus valores, a sus formas de vida y por supuesto tiene implicaciones económicas. De alguna forma, la globalización es una intromisión del sistema imperante en las culturas de las distintas sociedades, produciendo tensiones en ellas.

Actualmente no existe ninguna iniciativa para poder luchar contra este fenómeno, para proteger culturas locales. Por ejemplo, podría pensarse que una sociedad decidiera reducir su jornada laboral de 40 a 35 horas semanales, como es el caso de Francia. La existencia de un mercado global, sin protección, hace que esto sea muy difícil de implementar ya que pierdes ventaja competitiva (o comparativa) contra tus competidores, que pueden ser otros países o sociedades.

Lo mismo sucede cuando un país cualquiera pierde puestos de trabajo porque se localizan en otra zona geográfica. Los mercados financieros buscan eficiencias, y este proceso supera la capacidad de control de las economías locales. Este es el problema de la globalización y el dilema en el que nos encontramos.

Lo primero que nos impone la globalización es el sistema imperante, que como hemos dicho, es el neoliberalismo anglosajón. Ese es el terreno de juego. Algunas culturas, como por ejemplo puede ser la cultura latina, la del sur de Europa, la de los países emergentes, la del mundo árabe, pueden presentar mayor o menos afinidad con el sistema imperante. Esto plantea ventajas o desventajas para las diversas culturas. Por ejemplo, algunos países asiáticos están adoptando rápidamente la forma de hacer que requieren las bases neoliberales, mientras que los países del sur de Europa parece que no se adaptan totalmente. Esto, obviamente, es discutible y está sujeto a debate.

Pero es importante detectarlo. Negarlo, no aceptar la realidad nos puede llevar a situaciones como la que estamos viviendo, un endeudamiento fuera de control y una falta de productividad patente. Si queremos participar en esa economía necesitamos entenderla y aceptar sus reglas del juego.

Todos hemos oído hablar del concepto de ventaja competitiva. Es la que obtenemos al mejorar los procesos que permiten poner en el mercado nuestros productos o servicios de forma ventajosa frente a nuestros competidores. Se aplica a las empresas o a países y zonas geográficas. Pero también existe el concepto de ventaja comparativa, que es la que presentan los países en su conjunto frente a otros países. La ventaja comparativa se refiere a lo que un país o región hace especialmente bien, por cualquier tipo de razón.

Por ejemplo, un país puede explotar sus salarios bajos para desarrollar una industria intensiva en mano de obra, como puede ser la de desarrollo de software. Un país puede tener petróleo, por lo tanto puede ser más fácil desarrollar esa industria y la de sus derivados. Otro país puede haber desarrollado un sector específico como podría ser el del automóvil y mantener una ventaja permanente sobre él.

El comercio internacional pone precio a los productos que los países producen. Los países pueden verificar año tras año si los precios de las importaciones y exportaciones suben o bajan, para de esta forma saber si están desarrollando ventaja comparativa como país y ventaja competitiva en sus empresas. Por ejemplo, se puede constatar que los países más pobres, que exportan materias primas e importan productos manufacturados, experimentan un descenso en los precios medios de sus exportaciones, mientras que aumentan los de las importaciones. Esta tendencia mantenida lleva a una gran desventaja que debe ser corregida.

La ventaja comparativa no es hacer lo más fácil, sino lo más afín a nuestras capacidades y a nuestros recursos. Si cualquiera de nosotros estudia una carrera para la que tiene una vocación, está aprovechando una ventaja comparativa, ya que la hará mejor y con menos esfuerzo. Pero si ve que su vocación le lleva al desempleo, hará bien en estudiar otra carrera, con más tedio y con más esfuerzo, pero estará creando ventaja competitiva.

Los dos tipos de ventaja pueden ir también parejas. Por ejemplo, una zona vinícola puede producir uva debido a las condiciones geográficas y del terreno (ventaja comparativa) pero también puede desarrollar una estrategia de marketing para vender vinos elaborados de calidad (ventaja competitiva).

La globalización nos da posibilidades pero también aumenta nuestra vulnerabilidad a las amenazas. Su influencia supera en mucho las posibilidades de acción personales. Es un nuevo factor que debes de monitorizar y una forma puede ser leyendo prensa y publicaciones internacionales de calidad.

25 EPÍLOGO

Espero que hayas disfrutado de la lectura de este libro. No sé si habrás profundizado en el detalle de todas las expresiones matemáticas o sólo en algunas. Lo importante es que hayas desarrollado cierta forma de pensar que sin ser difícil, es con frecuencia demasiado abstracta, y que te sientas con cierta capacidad para comprender el escenario macroeconómico así como para realizar ciertos cálculos microeconómicos.

Este libro ha pretendido llenar el vació existente entre el planteamiento económico básico y el experto. Normalmente la bibliografía económica es demasiado árida y destinada a profesionales. Si hubiera sido capaz de conseguirlo, me alegraría enormemente. Sé que es difícil hacer atractiva una materia como esta, pero queramos o no, está metida de lleno en nuestras vidas.

El futuro va a ser complicado para los integrantes de tu generación. Tendrás que ser cuidadoso. No malgastes tu dinero, planifica financieramente, ahorra para el futuro. Toma decisiones basadas en una cuidadosa evaluación. Cuando inviertas, ten conocimiento de aquello en lo que estás invirtiendo. Preocúpate de tu formación y también invierte en ella.

¡Suerte y a triunfar!

26 ANEXO 1. EL COSTE DEL PROYECTO CASTOR

Tras ser paralizado el Proyecto Castor, la empresa promotora va a ser indemnizada por el perjuicio que se le causa. El total de esta indemnización es de 1.350 millones, que se pagarán en 30 años y el tipo de interés es el 4,267, lo que resulta en unos 80 millones de euros anuales. Tras esta noticia, apareció un informe, que calculaba que el total a pagar serían 4.731 millones. ¿Cuánto nos cuesta el proyecto Castor?

Intentaré exponerlo de una forma ordenada. El primer concepto que hay que manejar es el concepto de coste de capital. Al cerrar un acuerdo, en este caso, al 4,267%, el coste del capital queda fijado en esa cifra (debido a que es un precio de mercado). Todos los cálculos posteriores hay que hacerlos a ese tipo. Al mencionado tipo, podemos calcular cual es el valor del dinero a lo largo del tiempo. Los 1.350 millones pedidos en préstamo para la indemnización, suponen un valor de 4.728 millones en 30 años, simplemente actualizando el valor inicial a su coste del capital y a los años correspondientes.

Se podría argumentar que ese sería el coste si se invirtiera el dinero de forma permanente. Efectivamente, así se calcula el valor del dinero en el tiempo.

Se podría argumentar también que ya que los pagos son anuales, lo que se paga en realidad es menos, ya que se realizan amortizaciones anticipadas. Para ello, se utiliza la fórmula del pago anual o anualidad, que es la que aparece en la notificación del BOE al respecto de la indemnización. Si en esta fórmula se sustituyen sus variables por los datos de tiempo, coste del capital e indemnización, el resultado es el importe anual de 80 millones al año (redondeando). Si sumamos 80 millones al año, actualizados al coste del capital, nos sale los 4.728 millones de antes, como no puede ser de otra forma, ya que los 80 millones son una **consecuencia** de la fórmula de la anualidad, que la mires como la mires, sumando los 80 millones de forma anual y llevando el capital inicial a término, siempre dará el mismo resultado, 4.728 a 30 años, 1.350 a presente.

Si el mercado trabaja a un tipo de interés, da igual pagar antes o después, ya que lo que no pagas lo puedes reinvertir al mismo tipo. No ahorras nada anticipando pagos. Otra cosa es el coste de oportunidad particular, que analizaremos luego y la ganancia frente a la inflación. Esto puede desconcertar a los que no dominan esta materia.

Lo que no podría hacerse, es sumar 80 millones al año durante treinta años. Esto es un error conceptual grave. No se puede sumar dinero en el tiempo sin actualizarlo al coste del capital. Esta multiplicación le daría un valor de 2.418 millones. Esta suma sólo es correcta a un tipo del 0%. Entonces sí es verdad que el dinero, a lo largo del tiempo, valdría siempre lo mismo.

No obstante, existe un concepto que merece la pena aclarar y es muy interesante, y es que el valor financiero de un activo es distinto según para quién, y es lo que se conoce como coste de oportunidad (la oportunidad de invertir a cierto tipo de interés, que es distinta para distintas personas), y a su valor de actualización, ya que las comparaciones hay que hacerla a día de hoy, a valor presente frente al IPC. Decir que el proyecto Castor costará 4.728 dentro de 30 años es correcto pero confuso.

Así pues, una vez que estamos obligados a pagar 80 millones durante 30 años, vamos a ver cuánto nos cuesta esto, y veremos que cuesta distinto dependiendo del coste de oportunidad que tengamos. Usaremos la fórmula de la anualidad, la referida al caso y publicada en el BOE (fórmula de la anualidad).

Por ejemplo, el sr. A. podría decir que si el coste de capital es precio de mercado, él podría invertir a ese tipo del 4%, por lo que sumado daría los conocidos 4.728 millones, que actualizados a día de hoy al 2% de IPC serían 2.610 millones. Eso le cuesta al sr. A. y es la interpretación más lógica, al precio del mercado actual.

El sr. I., que es un gran inversor, podría decir que no, que él invierte al 10%. Entonces, sumando esos 80 millones anuales al 10% daría un resultado de 13.159 millones, que actualizados al 2% de IPC serían 7.624 millones. Eso le costaría al señor I. pagar la indemnización. Es la oportunidad que pierde por verse obligado a pagar la indemnización.

El sr. M., que consigue pocos rendimientos de sus inversiones, dice que él obtiene un 0%, por lo que los 80 millones a él le producen su suma de 2.418 millones (80 x 30), que actualizados a hoy resultan en 1.335 millones.

El sr. B. podría decir que él se conforma con igualar a la inflación, por lo que habría que sumar y actualizar al 2%, lo que daría un resultado de 3.269 millones, que actualizados son 1.805.

Es interesante observar que el caso más barato le sale al sr. M. (que tiene el menor coste de oportunidad), cuyo coste actualizado resulta incluso inferior a la indemnización, debido a que la inflación erosiona los pagos (la inflación es mayor que el crecimiento) de forma que su suma actualizada vale menos que el préstamo concedido. Este escenario no obstante, no es el existente, pero si ocurriera (mucha inflación y bajo crecimiento, es decir, estanflación), obtienes más por tu dinero si lo gastas pronto (1.350 frente a 1.335). Obviamente, para perder una oportunidad, primero hay que tenerla.

27 ANEXO 2. ¿COMPRAR O ALQUILAR VIVIENDA? CASO SIMPLIFICADO.

Vivienda, ¿alquilar o comprar?

En estos tiempos tan inciertos que corren muchos se preguntan si será buen o mal momento para adquirir una vivienda. En nuestra cultura tenemos arraigadas algunas ideas que pueden ser verdaderas o falsas dependiendo de algunos valores financieros que hay que identificar. Hasta hace poco se decía que "los precios de la vivienda nunca caen", cosa que ya obviamente nadie dice. Pero todavía escuchamos reflexiones del tipo "alquilar es tirar el dinero" o "comprar te exige un esfuerzo pero al final te quedas con la casa"

Muchas veces aparecen comparativas sobre comprar o alquilar en los medios, y casi siempre consisten en complicados cálculos en los que se suman los pagos del crédito hipotecario por un lado y los del alquiler por otro durante los años del crédito, lo cual hace las comparaciones difíciles. Otras alternativas proponen comparar el alquiler con el pago de intereses, lo cual es más correcto, pero difícil de realizar.

Para hacer estas comparativas más fáciles propondré un método alternativo basado en un sencillo cálculo matemático que da como resultado una relación entre tres factores. De ellos uno corresponde a costes y dos corresponden a beneficios.

El primero de ellos, el factor de coste, corresponde al de la financiación de la compra de la vivienda, que para un ciudadano normal va a ser el interés del crédito hipotecario.

El segundo factor, de beneficio, va a ser la revalorización de la vivienda que vamos a adquirir. Este es uno de los motivos principales que impulsan a la compra, que el precio de la vivienda suba más que el coste de su financiación.

El tercer factor, también de beneficio, es el ahorro del alquiler en el caso de compra y se calcula dividiendo el precio del alquiler anual por el valor de la vivienda. Un dato típico suele ser de uno dividido por veinticinco, es decir, la suma de los alquileres durante veinticinco años equivalen al coste de la vivienda. Por lo tanto, una renta de alquiler de unos 830€ al mes (10.000€ anuales) correspondería a un valor del piso en cuestión de unos 250.000€. En este caso la división nos daría un 4%.

Asumiendo que las variaciones de los precios de la vivienda y sus alquileres son iguales (si sube la vivienda sube el alquiler en la misma proporción), tenemos que para que la compra de la vivienda sea rentable, el beneficio tiene que ser mayor que el coste, es decir, que la revalorización esperada más el ahorro del alquiler deben ser mayores que el interés del crédito hipotecario.

Llamaremos a esta relación Ley de compra-alquiler de vivienda ®. Es interesante observar que no hace falta tener en cuenta los precios absolutos de compra ni de alquiler, sólo sus porcentajes de coste y beneficio.

Este es un método fácil para poder realizar ciertas valoraciones. Pongamos un ejemplo. Si el coste del crédito hipotecario es del 3,5%, la revalorización del piso en cuestión es del 1% anual y el ahorro del alquiler del 4%, tiene sentido comprar vivienda ya que los costes son del 3,5% y los beneficios del 5%. Si en cambio, el mismo piso tuviera un valor en el mercado de 500.000€, el ahorro por alquiler sería la mitad, el 2%, y realizando el mismo cálculo obtendríamos que comprando vivienda el beneficio sería del 3%, menor que su coste que es el 3,5%, por lo que sería mejor alquilar.

Actualmente, con un índice medio de revalorización del -8% el caso sale negativo. En un escenario estable con los precio de la vivienda creciendo igual que la inflación, ganaríamos el ahorro del alquiler. En este caso sí es verdad que alquilar podría considerarse "tirar el dinero", pero sólo cuando la vivienda se revalorice al menos lo mismo que el interés del crédito. Si por el contrario, el interés del crédito supera la revalorización de la vivienda, la diferencia se restaría directamente del ahorro por alquiler, pudiendo incluso llegar a anularlo.

Todos estos datos variarán por zonas. La revalorización esperada será distinta en las capitales que en los pueblos, en el centro que en la periferia, en la costa que en el interior. Posiblemente también sea distinta la tasa de ahorro por alquiler. Este último dato es relativamente fácil de encontrar, sólo hay que mirar los precios de alquiler y compra por metro cuadrado en una determinada zona.

La revalorización esperada va a ser más difícil de estimar. Podría hacerse consultando la evolución de los últimos años en las estadísticas de INE y elaborando posibles escenarios, para la zona que nos interese. Adicionalmente, se podría buscar más precisión incorporando costes o beneficios fiscales y de propiedad.

Obviamente interesa comprar cuando las expectativas de revalorización son elevadas, aunque paradójicamente, este dato no suele tenerse en cuenta en las comparaciones realizadas de la forma tradicional, y se suele suponer que será alto y positivo. No suele ser tan obvio, en cambio, asumir que alquilar no es tirar el dinero en todos los casos. Este fácil cálculo puede ayudar a tomar decisiones a este respecto de una forma más informada.

28 ACERCA DEL AUTOR.

Hugo Rubio es Ingeniero Industrial, Master en Gestión de Empresas, posee un Diploma Internacional de postgrado en Marketing, un MBA internacional y un master en Filosofía, Ciencia y Valores.

Actualmente desempeña su carrera profesional en la industria de las tecnologías de la información, colabora con centros universitarios y desarrolla su tesis doctoral en la disciplina de la comunicación de la ciencia.

¿Qué conocimientos debería transmitir a mis hijos ahora que se van de casa? Esa es la pregunta a la que quise responder cuando me puse a escribir este libro. A medida que lo hacía me di cuenta de que era necesario establecer una base sólida que sirviera de apoyo para que cada persona pudiera tomar sus propias decisiones en materia económica de forma justificada y que a su vez fueran conceptos universales.

Para ello hace falta entender ciertas técnicas matemáticas que no son complejas aunque, sin una ayuda como la que aquí se presenta, pueden ser inaccesibles para muchas personas. Los conocimientos que este libro ofrece son necesarios para nuestras actividades cotidianas, desde pedir un préstamo para comprar una vivienda, hasta invertir en acciones o fondos, pasando por opinar razonadamente sobre la economía global, y que por ello, se hace necesario adquirir.

www.ingramcontent.com/pod-product-compliance
Lightning Source LLC
Chambersburg PA
CBHW051910170526
45168CB00001B/320